The Tokyo Chamber of Commerce and Industry
Business Management Certification Test
Official Workbook

2024 年版

東京商工会議所［編］

ビジネスマネジャー検定試験® 公式問題集

中央経済社

はじめに

本書は，東京商工会議所が発行する唯一の公式問題集であり，ビジネスマネジャー検定試験®の出題範囲の基本となる公式テキストに完全に準拠しています。

本公式問題集は，「Part1 過去問題＆模擬問題（IBT・CBT対策）」と「Part2 模擬問題（分野別形式）」により構成されています。「Part1 過去問題＆模擬問題（IBT・CBT対策）」では，ビジネスマネジャー検定試験®（IBT・CBT）開始以降に出題された過去問題を一部抜粋して掲載しており，実際のIBT・CBT試験問題を解くことにより，その対応力を身につけることを目指します。

また，「Part2 模擬問題（分野別形式）」では，公式問題集ならではの分野別オリジナル模擬問題を多数掲載しています。模擬問題は，公式テキストの構成・内容に完全に準拠していますので，公式テキストでの学習の進度に合わせて問題演習をすることで各パートの理解度の確認ができるようになっています。

本書に掲載されているすべての問題について，模範解答とわかりやすい解説を付すとともに，それぞれの問題に関連する内容が記載されている『ビジネスマネジャー検定試験®公式テキスト 4th edition』の該当箇所を示していますので，公式テキストとの相互参照により理解を深められるように工夫されています。

さらに，本書の巻末には，「ビジネスマネジャーBasicTest®」の概要およびサンプル問題を掲載しています。

公式問題集としての本書の特色を活かし，ビジネスマネジャー検定試験®合格に必要な，そして，実際のマネジメントの場面で活かすことのできる実践的な知識を習得し，“チームで成果を出せるマネジャー”としてご活躍されることを願ってやみません。

東京商工会議所

ビジネスマネジャー 検定試験® 試験ガイド

●企業の要となるマネジャーの土台づくり

経営者と従業員の結節点であるマネジャーは，企業の事業分野や規模を問わず，「経営ビジョンの浸透」や「事業戦略の策定・遂行」，「チームのモチベーション向上」，「人材育成」などの多様で重要な役割を担っており，まさに企業の浮沈の鍵を握る要の存在です。それだけに，優秀なマネジャーを育成することは，企業における最重要課題の１つです。

本検定試験は，マネジャーとしての活躍が期待されるビジネスパーソンに対し，その土台づくりのサポートを目的とし，「あらゆるマネジャーが共通して身につけておくべき重要な基礎知識」を網羅的に習得する機会を提供します。

●チームとして成果を出すマネジメントに必要な知識

東京商工会議所では，マネジャーのミッションを「チームとして成果を出すこと」と定義し，そのミッションを果たすために必要なマネジメントの知識を厳選しました。

大きく３つのカテゴリーに分類し，多岐にわたる実践的な知識を系統立てて学習できるよう，わかりやすく整理しています。

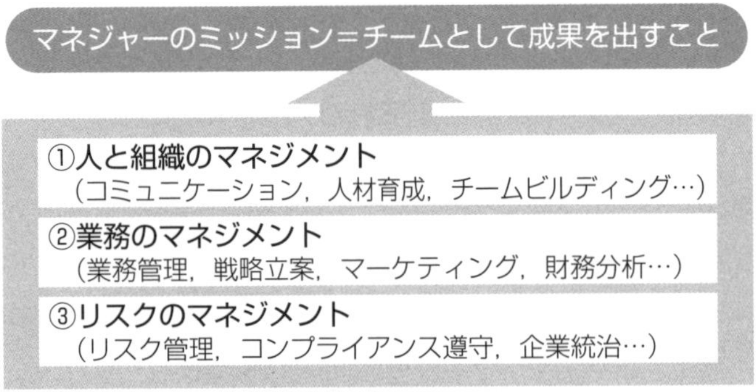

マネジャーのミッション＝チームとして成果を出すこと

①人と組織のマネジメント
（コミュニケーション，人材育成，チームビルディング…）

②業務のマネジメント
（業務管理，戦略立案，マーケティング，財務分析…）

③リスクのマネジメント
（リスク管理，コンプライアンス遵守，企業統治…）

■試験要項

主催	東京商工会議所・各地商工会議所
出題範囲	公式テキストの基礎知識とそれを理解した上での応用力を問います。 最近の時事問題からも出題する場合があります。
合格基準	100点満点とし，70点以上をもって合格とします。
受験料（税込）	7,700円

受験方式	IBT	CBT
概要	受験者ご自身のパソコン・インターネット環境を利用し，受験いただく試験方式です。 受験日時は所定の試験期間・開始時間から選んでお申込みいただきます。	各地のテストセンターにお越しいただき，備え付けのパソコンで受験いただく試験方式です。 受験日時は所定の試験期間・開始時間から選んでお申込みいただきます。 ※受験料の他にCBT利用料2,200円（税込）が別途発生します。
試験期間	■第19回　【申込期間】５月17日（金）～５月28日（火） 【試験期間】６月21日（金）～７月８日（月） ■第20回　【申込期間】９月20日（金）～10月１日（火） 【試験期間】10月25日（金）～11月11日（月）	
申込方法	インターネット受付のみ ※申込時にはメールアドレスが必要です。	
試験時間	90分 ※別に試験開始前に本人確認，受験環境の確認等を行います。	
受験場所	自宅や会社等 （必要な機材含め，受験者ご自身でご手配いただく必要があります）	全国各地のテストセンター

お問合せ
東京商工会議所　検定センター https://kentei.tokyo-cci.or.jp/

本書のつかい方

本書は，Part 1 過去問題&模擬問題（IBT・CBT対策）とPart 2 模擬問題（分野別形式）で構成されています。

Part1 過去問題＆模擬問題（IBT・CBT対策）では，IBT・CBT試験の開始以降に出題された過去問題を随所に盛り込んだ３回分の模擬問題を掲載しています。IBT・CBT試験を想定した模擬問題と，実際のIBT・CBT試験問題の両方を解くトレーニングにより，ビジネスマネジャー検定試験®のIBT・CBT試験を想定した実践的な対策として役立てていただくことが可能です。

Part2 模擬問題（分野別形式）では，「ビジネスマネジャー検定試験®公式テキスト 4th edition」の内容に準拠し，各部ごとに対応したオリジナルの問題を掲載しています。各分野における重点項目について，問題演習によるアウトプットのトレーニングを通じて，正答を導き出す考え方を身につけることを目指します。

また，Part1，Part2ともに，問題パートの後に解答・解説のパートを設けています。解答・解説においては，模範解答とともに「ビジネスマネジャー検定試験®公式テキスト 4th edition」の構成に準拠したわかりやすい解説を付しています。さらに，すべての問題について，出題内容に関連する「ビジネスマネジャー検定試験®公式テキスト 4th edition」の参照箇所を付しましたので，各問題で問われている知識がビジネスマネジャーとして必要な知識体系のどこに位置付けられているのかを確認することができ，立体的で深い理解に達することが可能となります。

なお，ビジネスマネジャー検定試験®は，公式テキストの内容と，それを理解した上での応用力を問うものとされており，時事問題や応用問題も出題されます。IBT・CBT対策模擬問題および過去問題のうち応用問題については，その問題の内容に関連する公式テキストの掲載箇所を参照しています。

巻末には「ビジネスマネジャーBasicTest®」の概要とサンプル問題・解答を掲載しています。このBasicTestはビジネスマネジャー検定試験®合格に必須の基礎的知識について出題されますので，検定試験前の腕試しとして実践形式で習得度を確認できます。また，テスト終了後のスコアレポートを確認して苦手分野を把握することにより，当該分野について再度学習することができ，本試験の合格に一歩近づくことができます。

目　次

はじめに／ビジネスマネジャー検定試験®試験ガイド／本書のつかい方
デジタル学習アプリのつかい方

Part 1　過去問題&模擬問題（IBT・CBT対策）

- 問題①　2
- 解答・解説　34
- 問題②　44
- 解答・解説　77
- 問題③　87
- 解答・解説　125

Part 2　模擬問題（分野別形式）

- 問題　136
  - 第１部　マネジャーの役割と心構え　136
  - 第２部　人と組織のマネジメント　138
  - 第３部　業務のマネジメント　148
  - 第４部　リスクのマネジメント　160
- 解答・解説　169

ビジネスマネジャーBasicTest®　183

- 概要　184
- サンプル問題　186

おことわり

●本書は，原則として，2023年12月１日時点の法令などに基づいて編集されています。

●内容の変更・追加等がある場合は，下記に掲載いたします。
https://kentei.tokyo-cci.or.jp/bijimane/support/official-text.html

デジタル学習アプリのつかい方

本書は，スマートフォン，タブレット，パソコンで利用可能なデジタルコンテンツ（デジタルドリル）でも学習することができます。デジタルドリルを利用することで，いつでもどこでも学習が可能です。

利用期限：ご利用登録日から１年間　※利用登録期間は2024年３月20日～2025年３月19日
使用開始日：2024年３月20日

▶推奨環境（2024年１月現在）

<スマートフォン，タブレット>

・Android8以降

・iOS10以降

※ご利用の端末の状況により，動作しない場合があります。

<PC>

・Microsoft Windows10，11

ブラウザ：Google Chrome，Mozilla Firefox，Microsoft Edge

・macOS

ブラウザ：Safari

▶利用方法

① スマートフォン，タブレットをご利用の場合
→Google PlayまたはApp Storeで「ノウン」アプリをインストールしてください。
パソコンをご利用の場合
→②へ

② 書籍に付属のカードを切り取り線に沿って開いてください。

③ スマートフォン，タブレット，パソコンのWebブラウザで下記URLにアクセスして「アクティベーションコード入力」ページを開きます。カードに記載のアクティベーションコードを入力して「次へ」ボタンをクリックしてください。

［アクティベーションコード入力］
https://knoun.jp/activate

④-a　ノウンのユーザーID，パスワードをお持ちの方は，「マイページにログイン」の入力フォームに各情報を入力し「ログイン」ボタンをクリックしてください。

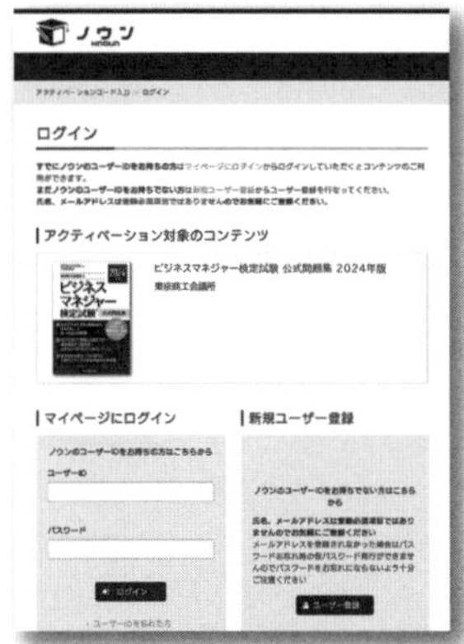

④-b　初めて「ノウン」をご利用になる方は，「ユーザー登録」ボタンをクリックしてユーザー登録を行ってください。

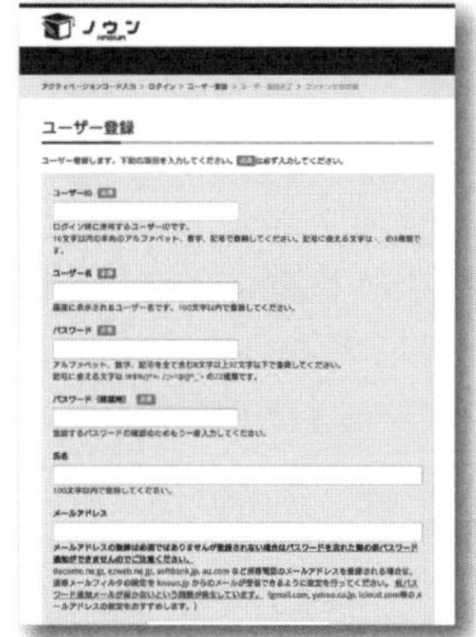

⑤　ログインまたはユーザー登録を行うと，コンテンツが表示されます。

⑥　「学習開始」ボタンをクリックするとスマートフォンまたはタブレットの場合は，ノウンアプリが起動し，コンテンツがダウンロードされます。パソコンの場合は，Webブラウザで学習が開始されます。

⑦　2回目以降の学習
スマートフォン，タブレット：ノウンアプリからご利用ください。
パソコン：下記の「ログイン」ページからログインしてご利用ください。

［ログインページ］http://knoun.jp/login

●「ノウンアプリ」に関するお問い合わせ先：NTTアドバンステクノロジ
※ノウンアプリのメニューの「お問い合わせ」フォームもしくはメール（support@knoun.jp）にてお問い合わせください。

過去問題&模擬問題
IBT・CBT対策

3回分（問題／解答・解説）

過去問題&模擬問題（IBT・CBT対策）　問題①

➡解答・解説はp.34～

第1問（3点）　過去問題

「ジョハリの窓」（Joseph Luft, Harry Ingham）では，自己の資質を，「開放の領域」（open area），「秘密の領域」（hidden area），「盲点の領域」（blind area），「未知の領域」（unknown area）に分けて分析をする。マネジャーは，「ジョハリの窓」を活用し，自己が認識している自己の資質と他者が認識している自己の資質との関係性を検討することによって，より円滑なコミュニケーションと自己の成長に役立てることができる。「ジョハリの窓」に関する次のア～エの記述のうち，その内容が適切なものの組み合わせを①～⑥の中から1つだけ選びなさい。

ア．従来，秘密の領域に属していた自己の資質を開示し，自己に対する他者の理解を得ることができれば，開放の領域は当然に広まる。

イ．秘密の領域に属する資質は，他者との円滑なコミュニケーションを維持するためには開示しないことを要する資質であり，他者に感知されないように細心の注意を払う必要がある。

ウ．他者からの批評や指摘により自己が知ることとなった，従来認識していなかった自己の資質は，自己が知ることとなった後は，開放の領域に属する資質となる。

エ．従来，未知の領域に属していた資質を自己の資質であると認知することができた場合，この資質は，自己の資質であると認知することができた後は，盲点の領域に属する資質となる。

①　アイ
②　アウ
③　アエ
④　イウ
⑤　イエ
⑥　ウエ

第2問（2点）

マネジャーが部下等とコミュニケーションをする際における「言葉以外の要素」の重要性に関する次のアおよびイについての①～④の記述のうち，その内容が最も適切なものを１つだけ選びなさい。

ア．髪型，衣服，持ち物といった外見や身だしなみは，相手に対し強く自己を印象付けることがある。そこで，マネジャーは，部下をはじめ周囲の人から見られていることを常に意識し，信頼に値するような外見や身だしなみを心掛ける必要がある。

イ．一般に，人は，対面の相手との距離が近づけば近づくほど，その相手に対する親密度が高まるという心理が働く。マネジャーは，この心理の働きを理解し，部下と一対一で話をするに際し，安心感を持って自分の話を聞いてもらいたいときなどには，極力近い距離で真正面に向かい合い，互いの視線の高さを同じにするなどの工夫をすることが重要である。

① アおよびイのいずれも適切である。
② アのみが適切である。
③ イのみが適切である。
④ アおよびイのいずれも適切でない。

第3問（2点）

マネジャーの役割に関する次のアおよびイについての①～④の記述のうち，その内容が最も適切なものを１つだけ選びなさい。

ア．マネジャーは，会議において，ファシリテーターとしての役割に従って会議の参加者同士の話し合いを促進する場合，参加者間で多様な意見が出されると収拾がつかず会議の進行および目的達成に支障を生じるおそれがあるため，参加者から多様な意見が出されている議題については，少数意見を述べる参加者に対し，多数意見に同意するように命じなければならない。

イ．マネジャーには，チームメンバー全員に働きかけて，チームの目標達成に向かおうとするエネルギーを生み出すことが求められる。マネジャーは，チームとしてのエネルギーを最大化するために，部下とのコミュニケーションを図り部下のモチベーションを高める必要がある。

① アおよびイのいずれも適切である。
② アのみが適切である。
③ イのみが適切である。
④ アおよびイのいずれも適切でない。

第4問（3点）

部下のマネジメントに関する次のア～エの記述のうち，その内容が適切なものを○，適切でないものを×とした場合の組み合わせを①～⑫の中から1つだけ選びなさい。

ア．マネジャーは，部下に業務報告をさせるに際しては，部下に対し，「実際に生じた具体的な事実」を報告するよりも，「部下自身の過去の経験に基づき部下自身がどのように感じたかという主観的な感想」を優先して報告するように指示すべきである。

イ．マネジャーは，部下に対して具体的な業務の進め方を指示するに際しては，部下が自己の担当する業務についての「目標」を持つように意識付けをし，部下が目標達成に必要となる自己の業務の進め方を自ら考え，部下自身の業務計画を作成できるように指導することが重要である。

ウ．マネジャーは，部下に対して注意を与える場合は，当該部下の同僚を通じて間接的に当該部下に注意事項を伝えるべきであり，直接当該部下本人に対して注意をしてはならない。

エ．マネジャーは，部下からの報告をface to face（対面）によって受けることとすれば，当該報告を受けるためにマネジャーのスケジュールを調整する必要があり，当該スケジュールの調整のための労力を省く観点から，face to face（対面）による報告を受けることは避け，部下からのマネジャーへの報告は，電子メールのみによることを徹底して部下に指導すべきである。

① ア ○ イ ○ ウ ○ エ ○
② ア ○ イ ○ ウ ○ エ ×
③ ア ○ イ ○ ウ × エ ○
④ ア ○ イ × ウ × エ ×
⑤ ア ○ イ × ウ ○ エ ○
⑥ ア ○ イ × ウ ○ エ ×
⑦ ア × イ ○ ウ × エ ○

⑧　ア　×　　イ　○　　ウ　×　　エ　×
⑨　ア　×　　イ　○　　ウ　○　　エ　○
⑩　ア　×　　イ　×　　ウ　○　　エ　×
⑪　ア　×　　イ　×　　ウ　×　　エ　○
⑫　ア　×　　イ　×　　ウ　×　　エ　×

第5問（3点）

甲社営業部の部長Aは,「PM理論」(三隅二不二(みすみじゅうじ)）に基づき，A自身による自己評価と，Aの部下である営業部員による評価から，自己のリーダーシップのタイプを分析したところ，Aの現時点におけるリーダーシップのタイプは，Pm型であるとの結果を得た。一般に，PM理論に基づく分析によりPm型とされたマネジャーが，自らのリーダーシップのタイプをPM型へと改善するのに資する事項を次のア～エから選択した場合の組み合わせを①～④の中から１つだけ選びなさい。

ア．部下一人ひとりに対し真摯に対応し，すべての部下を公平に扱う。
イ．部下の置かれた状況や業務に対する意識等を理解するため，部下との面談を定期的に実施する。
ウ．マネジャー自身の業務スキルの向上のため，業務に関する専門的知識の修得に専念する。
エ．チーム全体の営業目標達成のため，個々の部下の営業目標の達成度について厳格に追求し，その達成を厳しく指導する。

①　アイ　　②　アウ　　③　イエ　　④　ウエ

第6問（3点）

甲社企画開発部のマネジャーAは，新規製品の販売促進企画に関する会議を開催するにあたり，ブレーンストーミングの手法（Alex Osborn）を用い，会議の参加者からアイデアの提出を促すことにした。次のア～エの記述のうち，一般にブレーンストーミングを効果的に実施する観点から適切なものの組み合わせを①～④の中から１つだけ選びなさい。

ア．自分が保有している複数のアイデアのうち，自分が最も優良であると考えるアイデアのみを提案する。
イ．誰でも思いつきそうなありふれたアイデアであってもできるだけ数多く提案する。
ウ．例えば，ある参加者により提案されたXアイデアが，既に別の参加者が提案したYアイデアと類似している場合に，他の参加者は，Xアイデアを却下し，類似あるいは重複したアイデアが提案されることを防止する。
エ．他の参加者が提案したアイデアに便乗して，当該アイデアを発展させた発想を提案する。

① アイ　② アウ　③ イエ　④ ウエ

第7問（3点）

次のア～ウの記述は，A社の部長Xが，新任のマネジャーYに対しマネジャーが持つべき心構えについて述べた発言の一部である。これらの発言のうち，マネジャーが持つべき心構えとしてその内容が適切なものを○，適切でないものを×とした場合の組み合わせを①～⑧の中から1つだけ選びなさい。

ア．「マネジャーは，普段の何気ない表情や態度，姿勢などから，多くのメッセージを周りの人に発信していることを認識し，自分の何気ない表情や態度，姿勢などが，相手に不快感や不安感を与えていないか，また自分のどのような表情や態度，姿勢などが相手に好感を与えるのかをよく心得ておく必要があります。」
イ．「マネジャーは，例えば，マネジャー自身が作成した高度な知識を要する仕事に関する文書を，会議スペースなど部下の目に留まるような場所にさりげなく放置することなどにより，自分は部下の理解を超える仕事をしているということを部下に示すことが重要です。」
ウ．「マネジャーは，チームの中で最も多忙で，かつ熱心に職務を遂行している存在であることを部下に認識させなければなりません。その方法として，休業日であってもあえて出社し，休む間もなく業務に打ち込んでいる姿勢を部下に示すことが重要です。」

① ア ○　イ ○　ウ ○
② ア ○　イ ○　ウ ×

③　ア　○　　イ　×　　ウ　○
④　ア　○　　イ　×　　ウ　×
⑤　ア　×　　イ　○　　ウ　○
⑥　ア　×　　イ　○　　ウ　×
⑦　ア　×　　イ　×　　ウ　○
⑧　ア　×　　イ　×　　ウ　×

第8問（2点）　過去問題

「メタ認知」は，自分が行っている認知活動（思考，知覚，言動，情動，記憶など）を，自分自身が客観的に捉え，これを評価した上で，自分自身をコントロールする技術である。マネジャーは，自分が認知していることを客観的に把握し，自分自身を冷静に捉えることにより，自己の能力や不足している点，改善すべき点を理解することができ，これによって，自己の課題を適切に設定するのに役立てることができる。メタ認知に関する次のアおよびイについての①～④の記述のうち，その内容が最も適切なものを１つだけ選びなさい。

ア．メタ認知を構成する「メタ認知的知識」は，自分自身や周囲の他者，人間一般の認知の特性に関連した「人間の認知特性」にかかわる知識，直面する「課題」の性質や求められているのは何か等に関連した「課題」にかかわる知識，「どのように課題に取り組めばより成果が上がるか」といった「方略」に関連した「課題解決のための方略」にかかわる知識をその要素としている。

イ．メタ認知を構成する「メタ認知的活動」は，例えば，「好ましい傾向になっているか」，「準備は十分か」など，自身による自己の認知状態の観察である「メタ認知的モニタリング」と，メタ認知的モニタリングを踏まえて感情や行動等を制御するなど，改善に向けての活動である「メタ認知的コントロール」をその要素としている。

①　アおよびイのいずれも適切である。
②　アのみが適切である。
③　イのみが適切である。
④　アおよびイのいずれも適切でない。

第9問（3点）

マネジャーが，上司や，取引先等といった外部とコミュニケーションを図る際に留意すべき点に関する次のア～ウの記述のうち，その内容が適切なものを○，適切でないものを×とした場合の組み合わせを①～④の中から1つだけ選びなさい。

ア．マネジャーは，自己の業務に関係する取引先や業界団体，官公庁の担当者など，様々な外部の人々と関わりを持つが，特に監督官庁の担当者や関係する官公庁の担当者に対しては，接待を行い，自社の業務が円滑に進行するように調整することが必要である。

イ．マネジャーは，チームをマネジメントし，その担当する業務を完遂すべき立場にある。したがって，マネジャーは，その担当する業務については，すべて自らの責任と判断の下に結果を出さなければならず，当該業務を完了するまでは，仮に上司による判断を求めたいことがあっても，その指示を仰いだり，助言を求めたりしてはならない。

ウ．マネジャーは，自己の業務に関係して，取引先や業界団体など，外部の人々と関わりを持つ。そうした関わりの中では，外部から，協力・支援を要請されることも予想される。その場合，マネジャーは，相身互い（あいみたがい）の精神で，外部への協力を惜しむべきではない。しかし，例えば，自社と同種の製品を販売する同業他社から，製品販売時の最低価格を設定しその維持の約束を持ちかけられた場合には，これに決して応じるべきではない。

①	ア	○	イ	○	ウ	○
②	ア	○	イ	○	ウ	×
③	ア	×	イ	×	ウ	○
④	ア	×	イ	×	ウ	×

第10問（2点）

X社は，X社が新規に開発した製品αについて，Y社から，継続的な供給を受けたい旨の照会を受けた。そこで，X社のマネジャーであるAは，製品αをY社に供給する際の条件等について，Y社との間で交渉を行おうとしている。この場合に関する次の①～③の記述のうち，その内容が最も適切なものを1つだけ選びなさい。

① Aは，Y社からの照会を受けた後，直ちに，X社が希望する取引価格や発注から納品までにかかる時間（リードタイム）等の条件を電子メール等でY社に伝えることが重要である。このような対応によって，Y社から，当該提示した条件等の内容に近い条件等が返ってくる可能性が高まるという，心理学上のブーメラン効果を期待できるからである。

② Y社から提示された当初の取引価格がX社として受容できない水準であった場合，Y社の妥協を引き出すための交渉方法の例としては，X社が希望する取引価格を提示し，当該価格を承諾しなければY社には製品αを供給しない旨を伝えてX社の条件を承諾するか否かの二者択一を迫る，という方法を挙げることができる。

③ Y社から提示された条件がX社として受容できない内容であったとしても，Aがその条件を拒絶すれば，Y社の心証を損ない本件照会が撤回されるおそれがある。このような場合には，Aは，Y社の心証を損なうことを回避するために当該条件を承諾する旨の意思表示をする必要がある。仮に，当該条件を承諾する旨の意思表示に基づきY社がX社に対し，当該条件に基づく合意内容の履行を請求してきても，X社が契約書に署名または記名押印をしていない限り契約が成立することはないため，Aは，当該条件を承諾する旨の意思表示については効果が生じない旨を主張できる。

第11問（3点） 過去問題

A社の人事課長Xは，新規に人事課に配属された，業務経験の少ない若手従業員Yを育成する手法の1つとして，OJT（On The Job Training）を活用することとした。XがYを育成する目的で実施した次のア～エの施策のうち，OJTに該当するものの組み合わせを①～⑫の中から1つだけ選びなさい。

ア．Yを含む人事課の若手従業員をミーティング・ルームに集合させ，人事課の業務に関する理解を深めさせるために，勉強会を実施した。

イ．社会人一般に求められるビジネスマナーを習得させるため，企業の若手従業員一般を対象とするセミナーをYに受講させた。

ウ．A社の人事課の担当業務である若手従業員を対象とするセミナーを実施するに際し，当該セミナーの運営スキルを習得させるため，セミナー運営に関する業務プロセスの一部をYに担当させた。

エ．人事課のスタッフとして求められる一般的なスキルを列挙し，Yがそれらのスキルを習得するため教育計画を策定した。

① ア	② イ	③ ウ	④ エ
⑤ アイ	⑥ アエ	⑦ イウ	⑧ ウエ
⑨ アイウ	⑩ アウエ	⑪ イウエ	⑫ アイウエ

第12問（2点）

為替相場の変動は，貿易に関わる企業だけでなく，貿易とは直接関係しない企業にも影響を与える。次のア～カの記述のうち，為替相場においてアメリカ合衆国（米国）ドル（USD）に対して日本円（JPY）の価値が下落すること（円安化）によって生じ得る現象として適切なものの組み合わせを①～⑩の中から１つだけ選びなさい。

ア．日本企業が米国に有する販売拠点から得る円建てでの利益が拡大する。
イ．米国から来日する観光客数の増加の要因となる。
ウ．米国に製品等を輸出している日本企業が，輸出した製品の代金を円建てで受け取る場合の受取額が増加する。
エ．米国から日本に製品等を輸入している日本企業が，輸入製品の代金を円建てで支払う場合の支払額が減少する。
オ．米国への海外旅行が円建てで割安となる。
カ．日本の投資家が米国に有する資産が円建てで割安となる。

① アイウ	② アイエ	③ アイカ	④ アエオ	⑤ アオカ
⑥ イウオ	⑦ イウカ	⑧ ウエオ	⑨ ウエカ	⑩ エオカ

第13問（3点）

マネジャーが業務をマネジメントするにあたり念頭に置くべきフレームワークであるPDCAサイクルに関する次のア～エの記述のうち，その内容が適切なものを○，適切でないものを×とした場合の組み合わせを①～⑧の中から１つだけ選びなさい。

ア．PDCAサイクルの「P」すなわちPlan（計画）の段階で業務計画を立案するには，その前提として業績目標を設定する必要がある。業績目標の設定にあたっては，部下がその達成のためにいかなる貢献をするかを考慮する。

イ．PDCAサイクルの「D」は，計画を実施する段階，すなわちDo（実行）の段階である。業務計画に沿って，部下とともに計画を適切に実施する。

ウ．PDCAサイクルの「C」は，業務計画達成のために必要な実施事項をCheck（確認・評価）する段階である。この段階で目標値の未達成が明白になっている場合には，その真の原因の探究を行う。

エ．PDCAサイクルの「A」の段階では，マネジャーは，実施した業務についてAct（処置と改善）を行って次の業務計画を策定するための資料とする。これを参考にして，マネジャーは，次の業務計画で実施することを検討している事項が目標値を達成するために有効かどうか（因果関係）を点検・把握して，必要に応じて目標項目・目標値，もしくは実施事項を見直す。

① ア ○ イ ○ ウ ○ エ ○
② ア ○ イ ○ ウ × エ ○
③ ア ○ イ × ウ ○ エ ×
④ ア ○ イ × ウ × エ ×
⑤ ア × イ ○ ウ ○ エ ○
⑥ ア × イ × ウ ○ エ ○
⑦ ア × イ ○ ウ × エ ×
⑧ ア × イ × ウ × エ ×

第14問（3点）

マネジャーが，業務のマネジメントをする上で不可欠な考え方に，「MECE」（Mutually Exclusive and Collectively Exhaustive）がある。次のア～ウの記述のうち，その検討事項が，MECEとなっているものを○，MECEとなっていないものを×とした場合の組み合わせを①～⑥の中から1つだけ選びなさい。

ア．ショッピングモールを経営する会社が，新規出店を検討するにあたり，その候補地域として，都市部・市街地・郊外・寒冷地・温暖地に分けて検討する。

イ．化粧品メーカーが，13歳以上の女性を購買層とする製品を開発するにあたり，13歳以上の女性を成年・未成年・学生・社会人に分けてそれぞれのニーズを検討する。

ウ．携帯電話の通信事業者が，通信料金の設定にあたり，その対象を新規顧客・既存顧客・法人顧客・個人顧客に分けて検討する。

① ア ○ イ ○ ウ ○
② ア ○ イ × ウ ○
③ ア ○ イ × ウ ×
④ ア × イ ○ ウ ○
⑤ ア × イ × ウ ○
⑥ ア × イ × ウ ×

第15問（2点）

マネジャーが業務上の目標を設定する場合に関する次のアおよびイについての①～④の記述のうち，その内容が最も適切なものを１つだけ選びなさい。

ア．一般に，目標のうち，計測や定量化が可能な事象に基づいて具体的・定量的に表現できる目標は「有形の目標」といい，具体的な数値を最終的に目指すべき目標値として表すことが困難な目標であって，企業が持続的に存続・成長していくために必要となるものは「無形の目標」ということができる。

イ．マネジャーが，自チームにおいて達成すべき業績目標を設定するに際し，これまでチームで進めてきた従来の業務遂行方法を改善して初めて達成できるような目標を設定すると，新しい業務遂行方法にチームメンバーが習熟するまでに一定の期間を要し，目標を達成できないリスクが高い。そのため，マネジャーは，従来の業務遂行方法を変えなければ達成できないような業績目標を設定することは避けなければならない。

① アおよびイのいずれも適切である。
② アのみが適切である。
③ イのみが適切である。
④ アおよびイのいずれも適切でない。

第16問（2点）

マネジャーが理解しておくべき「ダイバーシティ・マネジメント」（Diversity Management）に関する次の①～④の記述のうち，その内容が最も適切でないものを１つだけ選びなさい。

① 障害者の雇用の促進等に関する法律は，一定の企業に，所定の人数以上の障害者の雇用を義務づけている。マネジャーは，障害を持つ者も持たない者も含めた多様な人材によって構成される，すべてのチームメンバーの潜在能力を発揮させ，チームの生産性の向上や企業の成長等に貢献させるよう心掛けることが大切である。

② 外国人の部下に対するマネジメントを行うにあたって，マネジャーは，同じ職場で同様の業務に従事する日本人よりも外国人の賃金額が低いことに関し，労働基準法上，日本国籍を有しない者に対しては，最低賃金法に定める水準を下回る賃金を支払うことが認められていることを丁寧に説明することが大切である。

③ 高年齢者等の雇用の安定等に関する法律は，一定の企業に高年齢者雇用確保措置を義務づけている。当該措置の１つに，現に雇用している高年齢者が希望すれば定年後も当該高年齢者を雇用する制度である継続雇用制度があり，マネジャーより年長の者が部下として配置されることもあり得る。マネジャーは，人間は一般に，加齢とともに，身体的な機能，記憶力や認識力等が低下し，特に記憶や認識機能の低下により錯覚や不注意などが生じることがあり得ることを念頭に置き，すべてのチームメンバーの有する経験，知識，能力が遺憾なく発揮されるよう職場環境を整えることが大切である。

④ ダイバーシティの実現にあたり，マネジャーが心掛けるべき事項の１つにLGBTQ（Lesbian，Gay，Bisexual，Transgender，QueerやQuestioning）に対する配慮がある。LGBTQの就労をめぐっては，偏見や差別をおそれ，職場においてLGBTQであることを打ち明けることに困難を感じる者が多いため，身近にLGBTQの存在が認識され難く，偏見や誤解，憶測などに基づく差別が生じることがあり得る。マネジャーは，LGBTQであることは本人の代えがたい自我であり，本人の意思で選択したり変更したりすることのできる性質のものではないことを認識し，SOGI（性的指向（Sexual Orientation），性自認（Gender Identity））を含む多様性を尊重し，偏見や差別のない職場の構築に取り組むことが大切である。

第17問（2点） 過去問題

EQ（Emotional Intelligence Quotient）理論（Peter Salovey，John Mayer）は，感情を適切に活用することにより，意図する目標や成果を得るために適切な思考・行動・態度をとることができるとし，次のような，感情を適切に活用するための能力を挙げている。

> 「感情の識別」：感情に含まれている客観的な情報を正確に認識し，表現するために必要な能力であり，望ましい意思決定や適切な行動を取るための鍵となる
> 「感情の利用」：自らが置かれた状況にふさわしい感情を引き起こして適切な思考を促進するために，感情を利用する能力であり，異なる視点から物事を見たり他者が感じていることを感じとる「共感」においても有用である
> 「感情の理解」：感情にかかわる原因と結果に関する知識であり，感情の未来を予測し，分析することが可能となる
> 「感情の調整・管理」：自分と他人の感情を活用し，行動と感情を知的に統合する能力であり，意図的に感情を活用した行動を取るために必要不可欠である

Aがマネジャーを務めるX社営業部では，チームメンバーの意欲が減退し，生産性が著しく低下した。Aは，この問題を解決するために個々のチームメンバーの目標達成状況を徹底して管理する等の具体的な対策をとるほか，チームメンバーの感情の側面から改善を図ることを企図して次の①～④の事項を実施した。これらのうち，「感情の識別」に該当する事項として最も適切なものを1つだけ選びなさい。

① 問題解決のための行動をとるにあたり最善の意思決定をするための理性的かつ論理的な検討をする際に，A自身やチームメンバーが抱えている不満等の感情を抑え込むのではなく，これらの感情を十分に考慮して得られた情報を統合する。
② チームメンバーが感じている気持ちの原因は何か，さらに将来を予測して，チームメンバーが今後どのように感じるようになるかを把握する。
③ Aが，営業部の現在の状況を改善する上で適切な思考を得るために，A自身がチームメンバーと同じ目線で営業部の状況を見て感じることにより，チームメンバーが何を感じているかを感じ，こうしたAの感情がA自身やチームメンバーの思考にどのように影響しているかを把握する。
④ チームメンバーの身振り手振りや声の調子を観察したり，チームメンバーに現

在感じていることについて質問をし，その意見に耳を傾け，理解が正しいかどうかを裏付けるために別の言葉で言い換えること等により，チームメンバーがどのように感じているかについて正確なデータを得る。

第18問（3点）

ファイブフォース分析（Michael Porter）では，業界・事業の収益性に影響を及ぼす要因である「新規参入の脅威」，「代替製品・代替サービスの脅威」，「売り手の交渉力」，「買い手の交渉力」，「競合企業との敵対関係」が分析の対象となる。ファイブフォース分析に関する次の①～⑤の記述のうち，その内容が最も適切でないものを１つだけ選びなさい。

① 「新規参入の脅威」が強いと，市場シェアが奪われて収益性を悪化させる要因となる。新規参入の脅威については，対象とする市場を日本国内に限定した場合であっても，海外から外国の事業者が新規参入する可能性があることも考慮する必要がある。

② 「代替製品・代替サービスの脅威」は，例えば，パーソナルコンピュータがスマートフォンにより代替され得るというように，自社製品・サービスと同じ機能を果たし得る他の種類の製品・サービスを考慮の対象とする。

③ 「売り手の交渉力」とは，業界において自社が製品を製造するための原材料や部品を購入する場合における，当該原材料や部品の供給者の交渉力の強さのことである。

④ 「買い手の交渉力」とは，業界において自社が製品・サービスを市場に供給する場合における，当該製品・サービスの購入者の交渉力の強さのことである。

⑤ 「競合企業との敵対関係」に関し，業界内の競争が激しくなる要因として，業界内における競合企業が多いこと，同規模の競合企業が多く存在していること，生産された製品の在庫コストの負担が小さいこと，業界の成長スピードが速いことを挙げることができる。

第19問（3点） 過去問題

SWOT分析は，事業運営に関する要素を，次の①～④に分類してそれぞれの要素を洗い出し，事業の方向性や経営資源を投入すべき事業などの決定に役立てることができるフレームワークである。SWOT分析により明らかになった「自社の内部環境である経営資源（ヒト・モノ・カネ・情報）などについて，競合他社との関係等において自社に不利な特質」は①～④のうちいずれに該当するか，最も適切なものを1つだけ選びなさい。

① 強み（Strengths）
② 弱み（Weaknesses）
③ 機会（Opportunities）
④ 脅威（Threats）

第20問（3点）

プロダクト・ポートフォリオ・マネジメント（Product Portfolio Management：PPM）は，市場成長率と市場シェアを縦と横の軸として4つの象限に区分し，それらの相対的な位置付けに応じて下記の①～④に分類し，とるべき戦略を検討する経営分析手法である。PPMによれば，次の戦略をとるのが妥当であるとされるものを①-④の中から1つだけ選びなさい。

優位な市場シェアを獲得しているが，市場の成長が見込めないため，積極的に投資をするというよりも追加投資を控えてコストを削減して収益の最大化を目指す。

① 花形（Star）
② 金のなる木（Cash Cow）
③ 問題児（Question Mark）
④ 負け犬（Dog）

第21問（3点）　過去問題

3C分析では，Customer（市場・顧客），Competitor（競合他社）およびCompany（自社）を分析対象とする。マネジャーは，3C分析を，競合他社との過剰な競争を避けながら自社の製品・サービスを適切に顧客に提供する方策などを検討する等，自社事業の推進にあたり採るべき戦略の立案等に役立てることができる。3C分析に関する次のア～ウの記述のうち，その内容が適切なものを○，適切でないものを×とした場合の組み合わせを①～⑧の中から１つだけ選びなさい。

ア．社会・経済環境の変化が激しい現代においては，「Customer（市場・顧客）」の分析に時間を掛けすぎないことが重要である。市場・顧客は時の経過により変化するものであり，分析に時間を掛けすぎると，分析によって得られた結果と，結果を得た時点における市場・顧客の実態とが適合しないこととなりかねないからである。

イ．「Competitor（競合他社）」の分析の対象として，競合企業における製品開発，製造工程，販路，物流，マーケティング，営業，組織管理手法など，事業に関連するバリューチェーンを挙げることができる。この分析により，高収益や高効率化を達成した企業の仕組みを知ることができる可能性がある。

ウ．「Company（自社）」の分析の対象となる情報は，3C分析の対象である「Customer（市場・顧客）」，「Competitor（競合他社）」および「Company（自社）」の中で，最も収集が容易である。このことから，3C分析を実施するにあたっては，「Company（自社）」の分析を最初に行い，「Customer（市場・顧客）」および「Competitor（競合他社）」の分析は，「Company（自社）」の分析が完了した後に行わなければならない。

①　ア　○　イ　○　ウ　○
②　ア　○　イ　○　ウ　×
③　ア　○　イ　×　ウ　○
④　ア　○　イ　×　ウ　×
⑤　ア　×　イ　○　ウ　○
⑥　ア　×　イ　○　ウ　×
⑦　ア　×　イ　×　ウ　○
⑧　ア　×　イ　×　ウ　×

第22問（2点）

ビジネスを取り巻くマクロ環境の動きを察知して自社の事業に影響を及ぼす要因を整理するフレームワークとして，「PEST分析」がある。マネジャーは，PEST分析を自社の事業の戦略立案に活用することができる。次の①～⑤の分析のうち，一般にPEST分析の対象とならないものを１つだけ選びなさい。

① 人工知能（Artificial Intelligence：AI）の発達が自社の事業に及ぼす影響
② 人口減少と高齢化社会の進行が自社の事業に及ぼす影響
③ 税制の改正が自社の事業に及ぼす影響
④ 損益分岐点比率の変化が自社の事業に及ぼす影響
⑤ 国内総生産（Gross Domestic Product：GDP）の成長率が自社の事業に及ぼす影響

第23問（3点）

X社では，その主力製品である製品αについて設定された今年度の売上目標（以下，「本件売上目標」という）と，本件売上目標を達成するために策定した業務計画に対する現状における達成の度合いを確認したところ，現状の実績では，本件売上目標を達成するために必要な数値に達しておらず，本件売上目標の達成が困難であるという問題（以下，「本件問題」という）が判明した。次の①～③の記述は，X社内において，本件問題を解決するために行う事項について検討がなされた際の参加者による発言の一部である。これらの発言のうち，本件問題を解決するために行う事項に関するものとして最も適切でないものを１つだけ選びなさい。

① 「本件売上目標を達成するために設定した計画上の数値に対する未達成の度合いまたは進捗の遅れの現状を正確に把握することにより，『何が問題なのか』，『どこに問題があるのか』，『問題の重要度や大きさはどの程度か』等の事項を明確にすることが可能となります。本件問題を効率的に解決するためには，現状を正確に把握することが重要です。」
② 「本件売上目標を達成するために設定した計画上の数値に対する進捗の遅れの真の原因を究明するにあたり，例えば，『大規模自然災害の発生による新規契約数の停滞』や『少子化の影響による契約者数の漸減』など，当社の企業努力では

解決できない要因を可能な限り探求し，本件問題が発生するのはやむを得ないことであり，本件売上目標を達成できないことを問題視する必要はないといったマクロの視点を重視することが必要です。」

③ 「本件問題を解決するための改善計画を実施する過程において，定期的に改善計画の進捗状況の確認を行うことが重要です。進捗状況の確認により本件問題解決の支障となる事象が判明した場合には，その原因を特定し改善計画自体や改善計画遂行のための実施事項の見直しをする必要があります。例えば，改善計画遂行のための実施事項が適切でないことが判明した場合に，進捗状況の確認に基づき早期に適切な方策に改めることによって，無駄なコストを抑制することができ，また，早い段階で改められた当該適切な方策を実施することによる成果の拡大を期待できます。」

第24問 (2点)

A社の20X2年度におけるα材製品の販売数量は，100万個であった。次の①～④の記述のうち，この場合にA社の損益計算書から読み取ることができる事項として，その内容が最も適切でないものを１つだけ選びなさい。なお，材料費および販売手数料は変動費として，労務費，人件費，減価償却費および賃料は固定費として算出するものとする。

損益計算書
(自20X2年４月１日～至20X3年３月31日)

(単位：百万円)

売上高	22,500
売上原価	
材料費	10,200
労務費	7,500
売上総利益	4,800
販売費及び一般管理費	
人件費	3,300
減価償却費	90
賃料	90
販売手数料	1,050
営業利益	270
営業外収益	100
営業外費用	30

経常利益	340
税引前当期純利益	340
法人税等	100
当期純利益	240

① A社の20X2年度における損益分岐点比率は，97.6%である。
② A社の20X2年度における損益分岐点売上高は，21,960百万円である。
③ A社における，α材製品の価格，変動費率および固定費を20X2年度と同一であると仮定した場合，A社が20X3年度の営業利益を300百万円とするためには，20X3年度における売上高を22,560百万円に増加する必要がある。
④ A社の20X2年度における安全余裕率は，7.6%である。

第25問（3点） 過去問題

企業等におけるキャッシュフロー（現金および現金同等物（以下，「資金」という）の流れ）を示す財務書類として，キャッシュフロー計算書（以下，「C/F」という）がある。C/Fは，営業活動によるキャッシュフロー（以下，「営業C/F」という），投資活動によるキャッシュフロー（以下，「投資C/F」という），財務活動によるキャッシュフロー（以下，「財務C/F」という）で構成されている。C/Fを分析することにより，自社の資金の流れを把握できるだけでなく，取引先の信用状況の把握にも役立てることができる。X社営業部において，取引先であるY社のC/F（以下，「本資料」という）の内容を検討したところ，「Y社は，本業で現金を獲得している一方で，保有資産の売却等により資金を獲得し，また借入れ等により資金の調達を行っており，Y社は事業の転換を図っている可能性があることが考えられる」との結論を得ることができた。この場合において，本資料で示される営業C/F，投資C/F，財務C/Fの状況として最も適切なものを次の①～⑧の中から1つだけ選びなさい。なお，本問において，プラスは正（+）の整数であること，また，マイナスは負（−）の整数であることを意味する。

① 営業C/F：プラス，投資C/F：プラス，財務C/F：プラス
② 営業C/F：プラス，投資C/F：プラス，財務C/F：マイナス
③ 営業C/F：プラス，投資C/F：マイナス，財務C/F：プラス
④ 営業C/F：プラス，投資C/F：マイナス，財務C/F：マイナス

⑤　営業C/F：マイナス，投資C/F：プラス，財務C/F：プラス
⑥　営業C/F：マイナス，投資C/F：プラス，財務C/F：マイナス
⑦　営業C/F：マイナス，投資C/F：マイナス，財務C/F：プラス
⑧　営業C/F：マイナス，投資C/F：マイナス，財務C/F：マイナス

第26問（2点）

マーケティング・ミックス（マーケティングの4P）は，マーケティングのSTPによって策定された戦略を具体的に実施する際の４要素である。これらの４要素を次の①～⑨の中からすべて選びなさい。

①　支払い（Payment）
②　業務プロセス（Process）
③　流通経路（Place）
④　特許（Patent）
⑤　目的（Purpose）
⑥　製品（Product）
⑦　価格（Price）
⑧　包装（Package）
⑨　販売戦略（Promotion）

第27問（2点）

ドラッカー（Peter Drucker）は，イノベーションの７つの機会として次の①～⑦を示している。イノベーションの７つの機会は，「内部の事象」すなわち企業や公的機関の組織の内部あるいは産業や社会的部門の内部の事象と，「外部の事象」すなわち企業や産業の外部における事象に分類される。「内部の事象」に該当するものを①～⑦の中からすべて選びなさい。

①　予期せぬことの生起
②　認識の変化
③　産業構造の変化
④　新しい知識の出現

⑤　ニーズの存在
⑥　ギャップの存在
⑦　人口構造の変化

第28問（3点）

マネジャーは，常に，担当する業務やプロジェクトに潜むリスクを念頭に置きつつ，そのリスクを極小化するように注意しながら，業務やプロジェクトを推進することが求められる。マネジャーに求められるリスクマネジメントのプロセスに関する次のア～ウの記述について，その内容が適切であれば①を，適切でなければ②を選びなさい。

ア．組織におけるリスクマネジメントを考える上で想定すべきリスクは多様であり，そのすべてが個々の組織にとって最優先の課題であるとは限らない。リスクの洗い出しにより，組織のリスクマネジメントにおけるリスクの全体像を把握することによって，リスクの発生確率と発生したときに生じる損失等の規模を算定（以下，「リスクの分析」という）して対応すべきリスクの優先順位を決定することが重要である。

イ．リスクの分析を行った後は，事業の継続という視点から，損失等の発生の未然防止措置やリスク顕在化時の対応等を定めて，リスクの処理を行う。リスクの処理を実施した後は，一定の期間ごとに，設定したリスクの処理を実施できたか否か，社会環境や経済状況の変化に伴いリスクの処理の見直しを行う必要があるか否かなどを検証する。

ウ．リスクの処理としては，一般に，リスクの顕在化の可能性を低減する「リスクの低減」，リスクを受容する「リスクの保有」，リスクが顕在化する可能性を除去する「リスクの回避」，リスクが顕在化した場合に備え保険等により損失の充当を検討する「リスクの移転」が考えられる。これらの対応のうち，顕在化の可能性が高く，顕在化した場合の損失が大きいリスクについては，通常，「リスクの保有」が対応策としてとられる。

第29問（2点）

マネジャーは，部下をマネジメントするにあたり，各種の労働関連法規について基本的知識を有しておくことが重要である。労働関連法規に関する次のアおよびイについての①～④の記述のうち，その内容が最も適切なものを1つだけ選びなさい。

ア．使用者が労働者に支払う賃金の額については，労働基準法上，最低賃金法の定めるところによるとされている。そして，最低賃金法上，最低賃金額以上の賃金を支払わない使用者に対する罰則が規定されている。
イ．労働契約法上，使用者は，労働契約に伴い，労働者がその生命，身体等の安全を確保しつつ労働することができるよう，必要な配慮をするものとされている。

① アおよびイのいずれも適切である。
② アのみが適切である。
③ イのみが適切である。
④ アおよびイのいずれも適切でない。

第30問（2点） 過去問題

企業は，労働者のメンタルヘルス不調を防止する観点から，労働者自身のストレスへの気づきを促し，ストレスの原因となる職場環境の改善を図ることが求められる。マネジャーは，労働安全衛生法66条の10第1項の規定による「心理的な負担の程度を把握するための検査」（以下，「ストレスチェック」という）に関する知識を有しておくことが重要である。「心理的な負担の程度を把握するための検査及び面接指導の実施並びに面接指導結果に基づき事業者が講ずべき措置に関する指針」（以下，「ストレスチェック指針」という）によれば，ストレスチェックは，調査票を用いて，労働安全衛生規則52条の9に規定する項目について心理的な負担の程度を把握するための検査を行い，労働者のストレスの程度を評価するとともに，その評価結果を踏まえて高ストレス者を選定し，医師による面接指導の要否を確認するものとされる。労働者のストレス要因に関する次の①～④の記述のうち，ストレスチェック指針にいう「労働安全衛生規則52条の9に規定する項目」に該当するものを1つだけ選びなさい。

① 職場における指揮命令者の指導能力に関する項目
② 業務目標の達成状況に関する項目
③ 職務の内容が同一である他の労働者が受ける賃金と当該労働者の賃金の格差に関する項目
④ 当該労働者の心理的な負担による心身の自覚症状に関する項目

第31問（3点）

次の①～④の記述は，X社製造部製品管理課において，同課内におけるヒューマンエラーの発生を防止するための対策を検討するに際し，列挙された実施事項や注意事項の一部である。これらの事項のうち，ヒューマンエラーの発生を防止するための事項として最も適切でないものを1つだけ選びなさい。

① 作業従事者に対し，作業に関する教育指導を徹底し，作業方法や注意点，トラブルへの対処方法など必要な知識を修得させる。
② 複雑な作業については，作業手順を見直したり，作業を補助するツールを導入するなどして，可能な限り，作業を簡易化する等の対策を講じる。
③ 共同作業を行うメンバー間の信頼を重視し，各自の作業の実施状況についての相互の確認を省略する。
④ メモをとったりチェックシートを用いるなどして，行わなければならない作業の失念を防ぐ。

第32問（3点）

X社の営業部のマネジャーであるAは，部下Bから，Bが担当している取引先Y社についての相談を受けた。その相談内容は，「Y社では，その取引先からの代金の回収が滞りがちになっており，当社に対する売買代金の支払いへの影響が懸念される。なお，当社が先月納品した製品の売買代金については，支払期限が到来していないため，いまだ支払いを受けていない」というものである。この場合に関する次のア～ウの記述について，その内容が適切なものを○，適切でないものを×とした場合の組み合わせを①～⑧の中から1つだけ選びなさい。

ア．X社が，Y社との取引から生じる売買代金債権を担保するため，Y社の資産に担保権の設定を受けている場合において，担保権設定時の評価額より担保価値が減少しているときは，X社は，Y社に対して，増担保や代担保の提供を求めたり，新規に保証を差し入れるよう求めるなどの対策を講じ，より確実な債権の回収を図ることを検討する必要がある。

イ．Y社の取引先がY社に対して納品した製品のうち，Y社が保有しており，その代金の支払いを履行していないものについては，Y社の債権者は，実力を行使してY社から強制的に搬出することができ，最も早く搬出した債権者がその所有権を取得することができる。したがって，X社としては，他の債権者よりも早く，Y社が当該製品を保管している場所から当該製品を搬出する必要がある。

ウ．X社がY社に対して有する売買代金債権は，X社がY社に対し裁判上の請求をせずにその支払期限から一定の期間が経過すると，時効により消滅する。Y社からX社に対して売買代金について支払猶予の申入れがなされても消滅時効が更新することはなく，X社は，消滅時効を更新するには，当該申入れを受けた後，直ちに裁判所に代金支払請求訴訟を提起する必要がある。

① ア ○ イ ○ ウ ○
② ア ○ イ ○ ウ ×
③ ア ○ イ × ウ ○
④ ア ○ イ × ウ ×
⑤ ア × イ ○ ウ ○
⑥ ア × イ ○ ウ ×
⑦ ア × イ × ウ ○
⑧ ア × イ × ウ ×

第33問（2点） 過去問題

電子機器製造販売業を営む甲社の営業部にXと名乗る人物から，「家電量販店の乙店で購入した甲社の電子機器αは，使用を開始した直後に壊れ，作動しなくなった」との電話によるクレームが寄せられ，当該電子機器αの現物を確認したところ欠陥があったため，Xからの返品・返金の要求に応じた。ところが，Xからの要求はこれに止まらず，甲社営業部宛てに，再びXからの電話による要求が入った。その内容は次の通りである。

> Xは，電子機器αの欠陥以外にXの身体・財産等に損害が拡大していないにもかかわらず，「返金してもらうだけでは納得できない。精神的損害を被らせたことに対し，甲社として社会的責任を果たし誠意を見せろ」と主張し，「ご納得いただける誠意とはどのようなものでしょうか」という甲社の問いに対し「それを真摯に考えるのが誠意だろう」と具体的な回答をしようとしない。

次の①および②の記述は，この状況への対応について甲社営業部で検討した際に，営業部員からなされた発言の一部である。これらの発言のうち，その内容が適切なものを１つだけ選びなさい。

① 「Xの主張するクレームへの対応にあたっては，人間が一般的に有する承認欲求に配慮することが重要です。すなわち，一般に，人間には他者から理解されたい欲求があり，他者に自己の話を聞いてもらうことで承認欲求が満たされることから，当該クレームへの対応として，当社の経理部など，電子機器αの販売に直接的な関わりのない部署も含め可能な限り多様な部署において，多数の者が交替でXの話に耳を傾けることが重要です。これにより，Xは，自らの不満を多くの人に何度も吐露することでカタルシス効果（cathartic effect：抑圧された怒りやストレス等を言葉にして表現することで不快な感情が消失する効果）を得ることができ，Xからのクレームの早期の解決に結びつけることができます。」

② 「物品や金額を具体的に要求すると恐喝等として告発されるという考えのもと，具体的な要求を示さずに『誠意を見せろ』と曖昧に要求をして，金品を提供させる反社会的な行為が一部には存在します。こうした要求が執拗になされることを回避するため，当社営業部の経費を管理するマネジャーが，Xの主張の正当性を検証しないまま，Xが満足する額の金銭の支出を，法的根拠もなく，当社営業部の経費で処理すると，たとえマネジャーが『当社が悪質なクレーマーの執拗な不当要求から逃れるために良かれ』という意識で当該処理を行っていたものであったとしても，その処理は，刑法上の背任罪に該当する可能性があり，このような

処理を行うべきではありません。Xがあくまで具体的な要求を言わない場合には，『申し訳ありませんが，お客様のご要望が漠然としており，私どもではわかりかねます。弊社としては，これ以上の対応はいたしかねます』といった趣旨を伝え，以後の対応を打ち切ることも考えられます。」

第34問（2点）

X社の営業課長であるAは，自社の協力会社であるY社に信用不安があるとの風評を同業他社との会合で聞き知った。そこで，早急に関係部署等と連携をとり，事実を確認するため，Y社の信用調査を行うこととした。次の①～④の記述は，Y社に対する信用調査に関する記述である。これらの記述のうち，その内容が最も適切でないものを1つだけ選びなさい。

① Y社の信用状況の調査は，Y社の経営者との面談やY社から提供された財務資料等を基に行う直接的調査や，民間信用調査機関を通じて行う間接的調査等により行うことができる。

② 一般に，企業の信用状況の悪化の兆候として，例えば，役員の大幅な変更，株主構成の変化，未払債務の急増，支払条件の変更の申出などを挙げることができる。Y社にこうした事象が確認できる場合，X社は，Y社に対する債権管理の徹底，債権回収手段の確認・検討等のほか，協力会社の変更などを検討しておく必要がある。

③ Y社の財務上の収益性の分析，すなわちY社がどのくらい利益を獲得することができるのかについての分析は，Y社の財務諸表に基づき，固定比率や借入金依存度，負債比率等の比率やPBR（株価純資産倍率）等の分析によって行うことができる。

④ Y社の財務上の安全性の分析，すなわち債権者に対する支払能力についての分析は，一般的には，Y社の財務諸表に基づき，自己資本比率，流動比率，当座比率，固定長期適合率等の比率分析によって行うことができる。

第35問（2点）

不動産販売業を営むＸ社の総務課長Ａは，同社法人営業部の営業課長より，「これまで取引をしたことのないＹ社から取引を持ちかけられた。営業課としては，Ｙ社から市場価値の高い物件が妥当な価格で提供されるため，Ｙ社と契約を締結したいと考えている。ただ，新規取引先との契約となるため，社内規程に基づきＹ社の調査を依頼したい」との連絡を受けた。ＡがＹ社の信用調査を調査会社に委託したところ，調査会社から，Ｙ社が反社会的勢力である疑いがあるとの報告を受けた。そこで，Ａは，Ｙ社が反社会的勢力であるか否かについて警察から情報提供を受けることを含め，Ｙ社との取引の可否について検討した。この場合に関する次のアおよびイの記述について，その内容が適切であれば①を，適切でなければ②を選びなさい。

ア．「暴力団排除等のための部外への情報提供について」（平成31年３月20日付警察庁通達。以下，「警察庁通達」という）においては，暴力団情報の提供については，個々の警察官が依頼を受けて個人的に対応することが認められている。したがって，Ａが，知り合いの警察官に照会をすることにより，Ｙ社が反社会的勢力に該当するか否かを確認することができる。

イ．警察庁通達においては，警察は，事業者等からの照会対象者が反社会的勢力に該当する場合には，事業者等に対し，当該照会対象者の住所，生年月日，連絡先のほか，詳細な前科・前歴情報や顔写真を提供することができるとされている。したがって，Ｙ社が反社会的勢力に該当する場合，Ａは，反社会的勢力との取引を避けるために必要であるとして，警察から，Ｙ社代表取締役の前科・前歴情報と顔写真の提供を受けて，当該情報をＸ社内に周知する必要がある。

第36問（2点）

X社総務課のAは，同社製造課長Bから，労働者災害補償保険法（労災保険法）に関し，次のような質問を受けた。

a．アルバイトとして当社で就業している者が業務上の災害に遭った場合には，労災保険法に基づく保険給付の対象となるのか
b．当社の労働者が通勤途上において，通常利用している通勤経路を移動中に交通事故に遭い負傷した場合，当該負傷は，労災保険法に基づく保険給付の対象となるのか

次のアおよびイの記述は，Bの質問に対するAの回答である。アおよびイの回答についての①～④の記述のうち，その内容が最も適切なものを1つだけ選びなさい。

ア．「労災保険法が適用される事業においては，雇用形態，勤続年数などを問わず，原則としてアルバイトやパートタイマーなども労災保険の適用の対象となります。したがって，質問aの場合には，原則として，労災保険法に基づく保険給付の対象となります。」

イ．「労災保険制度は，業務上の事由による労働者の負傷，疾病，障害，死亡等に対して必要な保険給付を行うことを目的としていますが，業務外の事由による災害については保険給付の対象としていません。したがって，質問bの場合のような，通勤による労働者の負傷等は，労災保険法に基づく保険給付の対象とはなりません。」

① アおよびイのいずれも適切である。
② アのみが適切である。
③ イのみが適切である。
④ アおよびイのいずれも適切でない。

第37問（2点）

社内不正等への対応に関する次のア～エの記述のうち，その内容が適切なものを○，適切でないものを×とした場合の組み合わせを①～⑫の中から1つだけ選びなさい。

ア．懲戒処分が相当であるといえるためには，過去になされた同様の案件の懲戒処分と比較し，その内容が極端に重くないことが必要である。

イ．普通解雇は，一般に，労働者の業務遂行能力や適格性の欠如，勤務態度の不良，傷病等による労働不能などにより，雇用の継続が困難になった場合になされる解雇である。普通解雇に際して，使用者は，原則として，退職金を支給しなければならないが，解雇予告や解雇予告手当の支払いをする必要はない。

ウ．懲戒解雇は，一般に，犯罪行為や服務規則違反行為などにより企業秩序を著しく乱した労働者に対する制裁罰として行われる処分である。労働基準法上，使用者は，懲戒解雇の対象となる労働者に対しては，退職金を支給してはならない。

エ．使用者は，労働者の不正行為を抑止するため，労働契約の締結に際し，例えば「労働者が労働契約に反し不正行為をした場合，労働者は，違約金として会社に対し300万円を支払うものとする」と定めるなど，違約金の額を明確に定めておくべきである。

①	ア	○	イ	○	ウ	○	エ	○
②	ア	○	イ	○	ウ	○	エ	×
③	ア	○	イ	○	ウ	×	エ	○
④	ア	○	イ	×	ウ	×	エ	×
⑤	ア	○	イ	×	ウ	○	エ	○
⑥	ア	○	イ	×	ウ	○	エ	×
⑦	ア	×	イ	○	ウ	×	エ	○
⑧	ア	×	イ	○	ウ	×	エ	×
⑨	ア	×	イ	○	ウ	○	エ	○
⑩	ア	×	イ	×	ウ	○	エ	×
⑪	ア	×	イ	×	ウ	×	エ	○
⑫	ア	×	イ	×	ウ	×	エ	×

第38問（2点） 過去問題

独占禁止法は，企業間における公正かつ自由な競争を促進等するために企業活動に対する規制を定めている。マネジャーは，その推進する事業活動がコンプライアンスに適合したものとなるようにするために，事業活動に関連し得る独占禁止法に関する知識を有しておく必要がある。独占禁止法についての次のアおよびイに関する①～④の記述のうち，その内容が最も適切なものを１つだけ選びなさい。

ア．Ｘ社は，競合会社であるＹ社の株式を取得し，Ｙ社を自社の影響下に置いて，Ｙ社の事業活動を支配することにより，公共の利益に反して，一定の取引分野における競争を実質的に制限した。この場合のＸ社の行為は，私的独占として独占禁止法に違反する。

イ．公正取引委員会は，独占禁止法の規定に違反する事実があると思料する場合であっても，相手方の任意の協力を前提に行う任意調査しかできず，強制調査を行うことはできない。

① アおよびイのいずれも適切である。
② アのみが適切である。
③ イのみが適切である。
④ アおよびイのいずれも適切でない。

第39問（3点）

企業を取り巻く環境には，事業の継続を阻害する要因となるリスクが数多く存在し，感染症の流行もそうしたリスクの１つである。マネジャーは，感染症のリスクが顕在化した際に，事業を継続させ企業を存続させるための活動に尽力することが求められる。このような活動に関する参考となる資料の１つとして，厚生労働省健康局策定の「感染症健康危機管理実施要領」を挙げることができる。次のア～エの記述のうち，感染症健康危機管理実施要領において「感染症対策における危機管理の基本的心得」として挙げられている事項に該当しないものの個数を①～⑤の中から１つだけ選びなさい。

ア．感染症の危機管理にあたっては，社会全体へのリスク（健康被害を及ぼす可能性とその大きさ）を評価し，リスクコミュニケーション（リスクおよびその管理手法について双方向的に意見交換すること）を行い，リスク認識（リスクの受け止め方）を共有しつつ，必要かつ十分なリスク管理（リスクを可能な限り低減し受容可能なレベルにすること）を行うよう努めるものとする。

イ．感染症は，ひとたび発生して拡大すれば個人の健康のみならず社会全体に深刻な影響を及ぼすおそれがあることに留意する。

ウ．ひとたび感染症が発生した場合は，迅速な初動対応が拡大防止の第一要件である。そのため，日頃から発生状況の把握と情報分析等を通じた対応の事前準備に努めるものとする。

エ．職場における感染症の危機管理にあたっては，職場の長が感染症に罹患することは許されない。そのため，職場の長は，仮に感染症に罹患したとしても，職場全体へのリスク（指揮命令機能の不全が及ぼす可能性とその大きさ）を評価し，感染症に罹患したことを職場の部下に悟られないようコミュニケーション（発熱等により体調が不良であっても平静を装い部下と意見交換すること）を行うよう努めるものとする。

①　0個　　②　1個　　③　2個　　④　3個　　⑤　4個

第40問（3点）

自然災害は，企業活動に重大な影響を及ぼし得る。マネジャーには，企業の策定した災害への対応方針に基づき，日頃からその備えの一端を担うことが求められる。次のア～オに掲げる事項のうち，企業における自然災害発生への備えとして適切なものの組み合わせを①～⑤の中から１つだけ選びなさい。

ア．災害発生後に事業を復旧させるために要する費用の一部に充てるため，あらかじめ毎月，全従業員から賃金の一部を強制的に天引きして積み立てる。

イ．事業継続の観点から，顧客が来店しまたは施設内に留まることが想定される業種であっても，災害発生時に最も優先すべき事項は当該企業の役員の生命の安全確保であり，次いで，顧客の生命の安全確保，最後に従業員，下請事業者の生命の安全確保である。このため，災害時の避難要領に関するマニュアルには，生命の安全確保措置を講ずる対象の順位を明確に記載する。

ウ．電子データを含む重要情報については，同一の災害により同時に被災することを回避できる場所への保管，バックアップシステムの構築などの対策を講じる。

エ．災害の発生時に，製品の原材料や部品の供給元の被災状況が早期に把握できる体制を整備する。

オ．周辺地域等の安全確保の観点から，自然災害発生時における，建築物等の倒壊や火災による延焼などの二次災害防止のための措置をあらかじめ講じておく。

①　アイウ　　②　アイエ　　③　アウオ　　④　イエオ　　⑤　ウエオ

問題① 解答・解説

第1問 正解：②

過去問題

［解説］ 公式テキスト 第1章第1節

イについて，秘密の領域に属する資質は他者に開示しておらず，また他者から認識されていない資質である。この領域に属する性質が多い場合，自己の意図や想いを他者から理解してもらえず，円滑なコミュニケーションをとりにくいことがあるため，自己開示により開放の領域を広げることにより自己を他者によく理解してもらうことが円滑なコミュニケーションの構築には重要とされる。この点，秘密の領域に属する資質は，他者との円滑なコミュニケーションを維持するためには開示しないことを要する資質であり，他者に感知されないように細心の注意を払う必要があるとする本肢は適切ではない。

エについて，未知の領域は，自己も他者も認識していない資質が属する領域である。従来，未知の領域に属していた資質を自己の資質であると認知することができた状況では，当該資質は，自己は認識しているが他者は認識していないもの，つまり秘密の領域に属する資質となる。この点，自己の資質であると認知することができた後は盲点の領域に属する資質となるとする本肢は適切ではない。

第2問 正解：②

［解説］ 公式テキスト 第2章第1節

アは適切である。

イについて，一般に，人は，他人に近づかれると不快に感じる空間（「パーソナルスペース」）を有している。コミュニケーションに際しては，相手や状況によって，相手との距離，角度，視線の高さを工夫することが大切である。

第3問 正解：③

［解説］ 公式テキスト 第1部第2節，第2章第2節

アについて，ファシリテーターは，その役割として，メンバーから多種多様な意見が出されるように配慮することが求められ，少数意見を述べる参加者に対して多数意見に同意することを命じるのは望ましくない。

イは適切である。

第4問 正解：⑧

［解説］ 公式テキスト 第3章第2節

イは適切である。

アは適切ではない。部下からの報告は，事実と主観的な感想を明確に分け，何が

起きたかという事実の報告を優先するよう指示すべきである。

ウは適切ではない。部下に対する注意は，基本的に直接本人に対して行うべきである。

エは適切ではない。部下からの報告を電子メールのみによることとすれば，文章だけでは把握できない情報が伝わらず重大なアクシデントに発展することがある。

第5問　正解：①

[解説]　公式テキスト　第3章第3節

PM理論では，リーダーシップのタイプを4類型（PM型，Pm型，pM型，pm型）に分類する。このうち，Pm型は，明確に掲げた目標達成に熱心で部下に対する厳しい指導もいとわず成果をあげる能力はあるが，部下に対する配慮は示さず集団をまとめる力が弱い，成果はあげるが人望がないタイプとされる。一般に，PM理論に基づく分析によりPm型とされたマネジャーが，そのリーダーシップのタイプを最も理想的であるPM型へと改善するのに資する事項は，アおよびイである。

第6問　正解：③

[解説]　公式テキスト　第2章第2節

一般に，ブレーンストーミングでは，次のような事項が重要と考えられている。

- 「できるだけたくさんのアイデアを出すこと」
- 「他の参加者のアイデアを批判しないこと」
- 「重要ではなさそうに思えるアイデアも自由に提案すること」
- 「他人のアイデアに便乗したり，他人のアイデアを結合することも歓迎すること」

したがって，イおよびエが適切である。

第7問　正解：④

[解説]　公式テキスト　第1部第2節

アは適切である。

イについて，仕事に関する文書を放置することは適切ではない。

ウについて，休業日に出社することは長時間労働の防止の観点から適切ではなく，また，部下がマネジャーに気兼ねして休日労働をすることとなれば法定労働時間（労働基準法32条）との関係においても適切とはいえない。

第8問　正解：①

過去問題

[解説]　公式テキスト　第1章第3節

アおよびイは，いずれも適切である。

第9問　正解：③

［解説］ 公式テキスト 第4章第2節

アは適切ではない。自社の監督官庁の担当者や関係官公庁の担当者に対して接待を行うことは，贈賄罪に該当し刑事罰を科されるおそれがあり，適切ではない。

イは適切ではない。マネジャーは，担当業務に責任を負うが，上司による判断を求めたいことがあれば，その指示を仰いだり助言を求めることが必要である。

ウは適切である。

第10問　正解：②

［解説］ 公式テキスト 第4章第3節

①は適切ではない。心理学上の「ブーメラン効果」は，例えば，交渉の相手方（説得される側）が，説得する側を信用していないときに，説得内容とは逆の意見を抱いてしまうような現象である。

③は適切ではない。当事者が契約書に署名または記名押印をしていない限り契約が成立することはないとしているが，民法の原則によれば，契約は取引当事者の意思が合致したときに成立するとされている。したがって，契約書への署名や記名押印がなくても，契約の成立が認められることがあり得る。

第11問　正解：③

過去問題

［解説］ 公式テキスト 第5章第4節

OJT（On The Job Training）は，職場で実際に仕事の実践を通じて業務に必要な知識，スキルなどを身につける人材育成方法を指す。実際の業務を題材として，職場の上司や先輩から具体的な知識や技術が伝えられることで，マニュアルや研修等のみでは実践につなげることが困難な知識やスキルを身につけやすいと考えられる。

本問において，A社の人事課の担当業務であるセミナーの運営スキルを習得させるためにセミナー運営に関する業務プロセスの一部をYに担当させる選択肢ウは，実際の仕事の実践を通じて業務に必要な知識，スキルなどを身につけさせる人材育成方法であり，OJTに該当する。

OJTに対し，OFF-JT（OFF-The-Job Training）は，実務の場を離れて実施される研修などの教育施策を指す。本問において，実務の場を離れて実施された勉強会やセミナーについての記述である選択肢アおよびイは，OFF-JTに関するものである。

人材の育成には，OJTとOFF-JTを適切に組み合わせて実施することにより，効果的な人材育成を実施することが重要である。

なお，選択肢エは，人材育成を実施するにあたっての教育計画の一環についての記述である。

第12問　正解：①

［解説］ 時事問題

一般に，現在の基軸通貨である米国ドル（USD）に対し，日本円（JPY）が100円から120円になるなど，為替相場の円安化は，外貨建ての資産価値の上昇，輸出産業の好調化などをもたらす。したがって，ア・イ・ウに記載された事項が，円安化によって生じ得る現象として適切である。

第13問　正解：①

［解説］ 公式テキスト 第8章第1節

ア・イ・ウ・エは適切である。

第14問　正解：⑥

［解説］ 公式テキスト 第8章第2節

ア・イ・ウのそれぞれの分け方はいずれも重複があり，MECE（Mutually Exclusive and Collectively Exhaustive：重複がなく，かつ漏れがないこと）となっていない。

第15問　正解：②

［解説］ 公式テキスト 第8章第3節

アは適切である。

イは適切でない。社会経済情勢は日々変化しており，従来の業務遂行方法に固執していれば，こうした変化に対応することができなくなるケースが生じ得る。刻々と変化する社会経済情勢に対応する観点からも，従来の業務方法を変えなければ達成できないような業績目標を設定することを避けなければならないとするのは適切ではない。

第16問　正解：②

［解説］ 公式テキスト 第3章第5節，第12章第1節

②は適切でない。労働基準法上，使用者は，労働者の国籍，信条または社会的身分を理由として，賃金，労働時間その他の労働条件について，差別的取扱いをしてはならないとされている。

Part 1 過去問題&模擬問題（IBT・CBT対策）

第17問　正解：④

過去問題

[解説]　公式テキスト　第2章第3節

①は「感情の調整・管理」に関する記述である。

②は「感情の理解」に関する記述である。

③は「感情の利用」に関する記述である。

第18問　正解：⑤

[解説]　公式テキスト　第7章第3節

⑤について，「競合企業との敵対関係」に関し，業界内の競争が激しくなる要因として，生産された在庫コストの負担が小さいことではなく大きいこと，業界の成長スピードが速いことではなく遅いことなどが挙げられている。

第19問　正解：②

過去問題

[解説]　公式テキスト　第7章第3節

SWOT分析における「自社の内部環境である経営資源（ヒト・モノ・カネ・情報）などについて，競合他社との関係等において自社に不利な特質」は，「弱み(Weaknesses)」である。

第20問　正解：②

[解説]　公式テキスト　第7章第3節

PPMによれば，「金のなる木」は，優位な市場シェアを獲得しているが，市場の成長が見込めないため，積極的に投資をするというよりも追加投資を控えてコストを削減して収益の最大化を目指す。ここで得た資金は「花形」や「問題児」に投資するための資金源とする。

第21問　正解：②

過去問題

[解説]　公式テキスト　第7章第3節

ウについて，3C分析を実施する順番は，「Company（自社）」が最初で，「Customer（市場・顧客）」，「Competitor（競合他社）」の分析は「Company（自社）」の分析が完了した後に行わなければならない，とはされていない。市場において戦略を立案するに際しては，一般的に，次のような順序を挙げることができる。すなわち，市場規模やその動き，顧客層や市場のニーズを理解できなければ，どのような競合が存在するのか，競合にはどのような強みや弱みがあるのかを知ることや，さらに，自社の強みや弱みを知ることが困難となり得るため，最初に「Customer（市場・顧客）」の分析を行うことが考えられる。次に，当該市場における競合を特定し，

「Customer（市場・顧客）」の分析により明確になった市場のニーズや変化等に対し，競合はどのように対応しているのかなど「Competitor（競合他社）」の分析を行う。そして，「Customer（市場・顧客）」と「Competitor（競合他社）」の分析により明確になった市場および当該市場に対する競合の取組みに対し，自社としてどのように強みを発揮し，弱みを最小化するかなど「Company（自社）」の分析を行う，といった順である。

第22問　正解：④

［解説］ 公式テキスト 第7章第3節

PEST分析は，ビジネスに影響を与えるマクロ環境（自社の統制が可能な内部環境（＝ミクロ環境）に対し，自社による統制が不可能あるいは困難な外部環境）である政治状況・法制度（Politics），経済情勢（Economics），社会環境や一般消費者の動向（Society）および技術に関する状況（Technology）を分析するフレームワークである。④の「損益分岐点比率の変化」など自社の財務諸表に基づく指標は，マクロ環境に属する要因ではない。

第23問　正解：②

［解説］ 公式テキスト 第8章第4節

②について，自社の企業努力では解決できない要因を探求し，本件問題が発生するのはやむを得ないことであり，本件売上目標を達成できないことを問題視する必要はないといったマクロの視点を重視しても，本件問題の解決にはつながらない。

第24問　正解：④

［解説］ 公式テキスト 第9章第2節

④について，A社の20X2年度における安全余裕率は，2.4％である。

第25問　正解：①

過去問題

［解説］ 公式テキスト 第9章第2節

本問におけるY社の状況のうち，「本業で現金を獲得している」こと，「保有資産の売却等により資金を獲得し」ていること，および「借入れ等により資金の調達を行って」いることは，それぞれ，同社のキャッシュフロー計算書における営業C／F，投資C／F，財務C／Fのいずれについてもプラスとなる状況である。

第26問　正解：③，⑥，⑦，⑨

［解説］ 公式テキスト 第10章第1節

マーケティング・ミックスは，マーケティングの4Pといわれる製品（Product），価格（Price），流通経路（Place），販売戦略（Promotion）について具体的に戦略を練ることである。

第27問　正解：①，③，⑤，⑥

［解説］　公式テキスト　第10章第２節

本問に掲げられたイノベーションの７つの機会のうち，「内部の事象」に該当するものは，「予期せぬことの生起」，「ギャップの存在」，「ニーズの存在」，「産業構造の変化」である。

第28問　正解：ア①　イ①　ウ②

［解説］　公式テキスト　第11章第１節・第２節

ウの「リスクの保有」とは，リスクを受容することである。顕在化の可能性が高く，顕在化した場合の損失が大きいリスクについては，「リスクの回避」や「リスクの低減」といった対策を実施するのが一般であり，「リスクの保有」を対応策とすることは適切とはいえない。

第29問　正解：①

［解説］　公式テキスト　第12章第１節

アおよびイはいずれも適切である。

第30問　正解：④

過去問題

［解説］　公式テキスト　第12章第３節

労働安全衛生規則52条の９（心理的な負担の程度を把握するための検査の実施方法）では，事業者は，常時使用する労働者に対し，１年以内ごとに１回，定期に，「職場における当該労働者の心理的な負担の原因に関する項目」，「当該労働者の心理的な負担による心身の自覚症状に関する項目」，「職場における他の労働者による当該労働者への支援に関する項目」について，労働安全衛生法上の心理的な負担の程度を把握するための検査（ストレスチェック）を行わなければならないとされている。したがって，該当するのは④である。

第31問　正解：③

［解説］　公式テキスト　第13章第１節

③について，業務上の事故発生を防止するという観点からは，共同作業を行うメンバー間において，各自の作業の実施状況について相互の確認を行うことが重要であり，この確認を省略すべきではない。

第32問　正解：④

［解説］ 公式テキスト 第13章第5節

アは適切である。

イについて，債権者が，実力を行使して債務者が保有する物を強制的に搬出するような行為は，自力救済と呼ばれ，わが国では自力救済は禁止されている。債務者がその債務を履行しない場合，債権者は，裁判所の手続を通じてその権利を実現することが原則である。

ウについて，債権者が債務者に対して有する債権を行使せずに一定期間経過すると，当該債権は時効により消滅する。そこで，債権者は，自らの債権が時効により消滅することを防止するため，時効を更新させることが重要である。時効の更新事由のうち，「承認」には，債務者が債務の一部を履行したり，支払いの猶予を申し出る場合が当たる。

第33問　正解：②

過去問題

［解説］ 公式テキスト 第13章第3節

選択肢①に記載のような対応は，面倒な問題やトラブルを担当者や部署間で押し付け合う，いわゆる「たらい回し」と捉えられる可能性がある。一般に，顧客が不満を抱いてクレームを申し出ているにもかかわらず，最初の部署から次々に別の部署へと何度も同じ説明をさせられれば，怒りが増すと考えられる。本問の事例は，悪質なクレームである可能性が高いが，その場合でも，「甲社は，顧客の苦情をたらい回しにし，責任逃れをしようとする会社である」と主張される可能性が生じ得る。顧客のクレームへの対応に際し，二重クレームに発展する可能性のある「たらい回し」は行うべきではない。

第34問　正解：③

［解説］ 公式テキスト 第13章第5節

③について，固定比率や借入金依存度，負債比率等の比率は，一般的には，財務上の収益性の分析ではなく，債権者に対する支払能力について分析する際に用いられる。また，PBRは，一般に，財務上の収益性の分析ではなく，投資に際して株価が割高か割安かを判断する際に用いられる指標だとされている。

第35問　正解：ア②　イ②

［解説］ 公式テキスト 第13章第4節

ア・イはいずれも適切ではない。

アについて，「暴力団排除等のための部外への情報提供について」（平成31年３月

20日付警察庁通達。以下，「警察庁通達」という）は，暴力団情報の提供については，個々の警察官が依頼を受けて個人的に対応するということがあってはならず，必ず，提供の是非について，所定の手続の下，警察本部の暴力団対策主管課長または警察署長の責任において組織的な判断を行うこととされている。

イについて，警察庁通達では，「前科・前歴情報は，そのまま提供することなく，被害者等の安全確保のために特に必要があると認められる場合に限り，過去に犯した犯罪の態様等の情報を提供すること。また，顔写真の交付は行わないこと」とされている。

第36問　正解：②

［解説］ 公式テキスト 第12章第5節

アは適切である。

イについて，労働者災害補償保険は，業務上等の事由または通勤による労働者の負傷，疾病，障害，死亡等に対して迅速かつ公正な保護をするため，必要な保険給付を行うこと等により，労働者の福祉の増進に寄与することを目的とするものである。したがって，通勤による労働者の負傷等は，労災保険法に基づく保険給付の対象とはならないとするイは適切ではない。

第37問　正解：④

［解説］ 公式テキスト 第12章第1節

アは適切である。

イについて，労働基準法上，使用者は，労働者を解雇する場合は，原則として，解雇予告をするか解雇予告手当の支払いが必要である。これに対し，退職金の支給は義務付けられていない。

ウについて，労働基準法上，使用者が，懲戒解雇の対象となる労働者に対して退職金を支給することは禁止されていない。

エのような違約金の定めをあらかじめすることは，労働基準法違反となるおそれがある。

第38問　正解：②

過去問題

［解説］ 公式テキスト 第11章第4節

アは適切である。

イについて，公正取引委員会は，犯則事件を調査するため必要があるときは，裁判官の発する許可状により，臨検，捜索又は差押えを行うことができる（独占禁止法102条）。

第39問　正解：②

［解説］　**公式テキスト** 第15章第1節

ア・イ・ウは該当する。

エについて，誰でも感染症への罹患のリスクはあり，職場の長といえども感染症に罹患することが許されないものではない。職場の長が感染症に罹患した場合にそれを悟られないように部下と意見交換することは，部下への感染のリスクの観点から適切ではない。

第40問　正解：⑤

［解説］　**公式テキスト** 第11章第4節，第12章第1節，第15章第3節

アについて，従業員から賃金の一部を強制的に天引きする行為は，労働基準法違反となり得る。

イについて，顧客が来店しまたは施設内に留まることが想定される業種において，災害発生時に，顧客の生命の安全確保よりも，企業の役員の生命の安全確保を優先することは適切とはいえない。

➡解答・解説はp.77～

第１問（2点）

食べ残し，売れ残りや期限が近いなどさまざまな理由で，まだ食べられる食品が廃棄されている。こうした食品ロスを放置すると，大量の食べ物が無駄になるだけでなく，環境悪化や将来的な人口増加による食料危機への適切な対応が困難となるなど，食品ロスの削減は，先進国だけでなく途上国においても，課題となっている。また，国際社会が2030年までの達成を目指す「持続可能な開発目標（SDGs：Sustainable Development Goals)」のターゲットの１つに，「2030年までに小売・消費レベルにおける世界全体の１人当たりの食料の廃棄を半減させ，収穫後損失などの生産・サプライチェーンにおける食料の損失を減少させる」がある。食品ロスの削減を通じ，このターゲットを達成するには企業の協力が不可欠であり，マネジャーとして，食品ロスの削減に関する知識を有しておくことが重要である。「食品ロスの削減の推進に関する法律」（以下，「食品ロス削減推進法」という）に関する次のア～ウの記述のうち，その内容が適切なものの個数を①～④の中から１つだけ選びなさい。

ア．食品ロス削減推進法では，食品ロスを削減していくためには，国民各層がそれぞれの立場において主体的に食品ロスの削減に取り組み，社会全体として対応していくよう，食べ物を無駄にしない意識の醸成とその定着を図っていくことが重要であるとしている。

イ．食品ロス削減推進法では，消費者は，食品ロスの削減の重要性についての理解と関心を深めるとともに，食品の購入または調理の方法を改善すること等により食品ロスの削減について自主的に取り組むように努めるものとするとしている。

ウ．食品ロス削減推進法では，事業者はその事業活動において，また消費者はその消費生活において，都道府県および市町村が定める食品ロス削減推進計画を遵守し，食品ロスの削減のための措置を講じる義務を負い，これに違反し当該措置を講じない事業者および消費者には，刑事罰が適用されるとしている。

①　0個　　②　1個　　③　2個　　④　3個

第2問（3点）

マネジャーが，チームを率いていく上で，どれだけ自己をチームメンバーに開示してその理解を得ているかを知る手法の1つに，自己の資質を「開放の領域」，「盲点の領域」，「秘密の領域」，「未知の領域」に分けて分析をする「ジョハリの窓」（Joseph Luft，Harry Ingham）がある。ジョハリの窓に関する次のア～ウの記述について，その内容が適切なものを○，適切でないものを×とした場合の組み合わせを①～⑧の中から1つだけ選びなさい。

ア．開放の領域の広さは，自己が認識していない自己の資質についての他者からの評価や意見，指摘に真摯に耳を傾ける人と，頑なに耳を貸さない人とでは，異なることはない。

イ．秘密の領域を狭め，開放の領域を広げるために，積極的に自己を開示することが重要であり，部下がマネジャーの秘密の領域を知ることは，マネジャーと部下との間のコミュニケーションにとって有用である。

ウ．未知の領域は，部下が認識しているがマネジャー自身は認識していなかった資質・性格であり，部下がそのように感じたきっかけとなるマネジャーの具体的な言動を聴くことができれば，マネジャーはそれを自覚し，部下とのコミュニケーションにおけるトラブルを防止することにつながる。

①	ア	○	イ	○	ウ	○
②	ア	○	イ	○	ウ	×
③	ア	○	イ	×	ウ	○
④	ア	○	イ	×	ウ	×
⑤	ア	×	イ	○	ウ	○
⑥	ア	×	イ	○	ウ	×
⑦	ア	×	イ	×	ウ	○
⑧	ア	×	イ	×	ウ	×

第3問（3点） 過去問題

A社販売企画部では，同社が新規に開発する製品はどのようなものが良いかを検討することとなった。そこで，新開発する製品について，「独創性のあるアイデアを基に企画を決定し，その決定事項を円滑に実施するための段取りを策定すること」を目的（以下，「本件目的」という）として，会議を実施することとしたところ，A社の取締役Xも本件会議に参加することとなった。A社販売企画部のマネジャーYは，本件目的を達成するために，ファシリテーターすなわち会議の中立的な進行・推進役として会議を進行し，また，本件会議における決定事項を部下に指示することとした。次のア～エの記述のうち，この場合におけるYの言動として適切なものを○，適切でないものを×とした場合の組み合わせを①～⑧の中から1つだけ選びなさい。

ア．Yは，参加者による発言の内容すなわち「『何』について述べられたか」よりも，発言者すなわち「『誰』が述べたか」を重視することで，参加者の統制を図る必要がある。したがって，本件会議においては，Xからなされた発言を，他の参加者の発言よりも貴重な発言として最も重視しなければならない。

イ．Yは，予定した終了時刻に本件会議を終えることを何よりも優先すべき事項とし，終了時刻が到来したら，参加者が意見を述べている途中であってもそれを遮り，例えば，「必要な議論は出尽くしたという理解でよろしいですね」，「もう貴重な意見はないようですね」といった確認をすることで，本件会議を終結させる必要がある。

ウ．Yは，できるだけ参加者に自由な発言を促す工夫をするべきである。自由な発言を促すためには，例えば，意見を求められた参加者が「はい」または「いいえ」だけで答えられる質問ではなく，「従来型の製品については，どのような問題があると思いますか」，「評価できる点は，どのようなことがありますか」といった質問をするなど，参加者から幅広い意見を引き出すことができるように具体的な質問をすることが大切である。

エ．本件会議において，今後実施すべき業務の洗い出しや業務実施者の割振りを決定した場合，Yが部下に業務を指示する際には，指示をする業務について，「業務機能の明確化」すなわち業務が果たす役割（働き，作用）を明示することと，「業務内容の具体化」すなわち業務機能として示される役割に関連する作業内容を具体化して「何を，どうすべきか」を明確に示すことが重要である。例えば，「伝票を処理する」という業務機能を考えたとき，「処理する」ということを「作成する」「保管する」「破棄する」「送付する」などに具体化し，指示を受ける部下に誤解が生じないようにすることが重要である。

①	ア	○	イ	○	ウ	○	エ	○
②	ア	○	イ	○	ウ	○	エ	×
③	ア	○	イ	×	ウ	○	エ	×
④	ア	○	イ	×	ウ	×	エ	○
⑤	ア	×	イ	○	ウ	○	エ	×
⑥	ア	×	イ	×	ウ	○	エ	○
⑦	ア	×	イ	×	ウ	○	エ	×
⑧	ア	×	イ	×	ウ	×	エ	×

第4問（2点）

マネジャーは，業務において適切なコミュニケーションをとるために，自己および相手の感情に留意することが必要である。この点については，適切な感情活用に関する理論としてEQ（Emotional Intelligence Quotient）理論（Peter Salovey，John Mayer）がある。次のア～エの記述のうち，EQ理論における感情に関する能力についての説明として適切なものの組み合わせを①～④の中から1つだけ選びなさい。

ア．感情の理解：感情の生起とその感情の今後の変化を予測する能力
イ．感情の利用：自分自身の感情，および相手や周囲の人の感情を読み取る能力
ウ．感情の調整：自分自身およびコミュニケーションの相手や周囲の人の感情を，思考，判断や意思決定，行動に知的に統合する能力
エ．感情の識別：問題の解決や課題の達成等のために行動を起こす際に，その行動に適切な感情になる能力

① アイ　② アウ　③ イエ　④ ウエ

第5問（3点）

X社において実施された次のア～エの施策のうち，2要因理論（Frederick Herzberg）における衛生要因に該当するものの組み合わせを①～⑥の中から1つだけ選びなさい。

ア．賃金のベースアップを実施する。

イ．従業員の住宅，子弟教育，医療等への補助といったフリンジベネフィット，ストックオプションの導入など，福利厚生を充実させ，従業員のX社に対する所属の欲求を満たす施策を講じる。

ウ．個々の従業員の仕事を，挑戦的で創造的な内容とし，個々の従業員のスキル向上と成長の機会を増やすように再設計する。

エ．計画や統制といった管理・監督者の意思決定の権限を，従業員に一定程度委譲することにより，従業員が自らの仕事をコントロールする権限を与えるとともに，自らの仕事に対する責任を持たせる。

① アイ　② アウ　③ アエ　④ イウ　⑤ イエ　⑥ ウエ

第6問（2点）

部下のマネジメントに関する次のアおよびイの記述について，その内容が適切であれば①を，適切でなければ②を選びなさい。

ア．マネジャーは，部下の持つ専門性や経験を有効に活用して，新しい価値の創造へと導く能力に長けていることが望ましい。専門性の高い部下や経験の豊富な年長の部下に対しては，その価値を認めて敬意を払い，部下の持つ専門性や豊富な経験を活用させてもらうといった考え方を持つことは，マネジャーにとって大切である。

イ．マネジャーは，部下の目標設定にあたっては，ロック（Edwin Locke）の「目標設定理論」を参考にすることができる。目標設定理論によれば，目標は曖昧なものより明確であること，および目標達成の困難さは達成しやすい目標より多少困難な目標であること，といった点に留意すると，人やチームの生産性は高まるとされる。

第7問（3点）

A社では，マネジャーによる部下に対する業務指示等の場面において，円滑なコミュニケーションの欠如により正確な内容が伝達されなかったためにトラブルに発展するケースが多数生じている。次の①～③の記述は，A社において，営業部の課長Xが，円滑なコミュニケーションを図る際のポイントをまとめたものである。これらの記述のうち，その内容が最も適切なものを1つだけ選びなさい。

① コミュニケーションの際に，相手が自分の話を黙って聞いてくれている場合，自分は話上手であると考えて差し支えない。人は相手の話の内容がよく理解でき，興味を持てる場合には，沈黙するのが通常である。一方，コミュニケーションの際に，自分の話に対して，相手が沈黙して聞いてくれているにもかかわらず，自分の話の内容を相手が理解しているかについて，相手に確認をするような行為は，自分の話を理解しているという，相手の暗黙の意思表示を無視することを意味し，コミュニケーションに支障を来す原因となる。

② マネジャーとして，業務指示や報告・連絡・相談といったコミュニケーションにおいては，情報の発信者と受信者との間で，それぞれが有する知識や経験の違いにより，話の理解度が異なることに注意する必要がある。部下は自分の説明内容を当然に理解していると判断せず，既に話した内容について質問をし部下の理解を確認したり，客観的な数値を交えるなど具体的で明解な表現を用いることが重要である。

③ コミュニケーションの場面において，相手の意見を最後まで聞くことは，その意見に賛同したことを意味することになる。したがって，相手の意見が明らかに自分の意見と異なる場合，相手の意見に賛同したと捉えられないようにするため，相手が話の途中であったとしても，即座に相手の話を遮って自分の意見を主張し，結論を先に述べなければならない。

第8問（3点） 過去問題

マネジャーは，企業における事業目標の達成に向けてチームを牽引するリーダーとして，リーダーシップを発揮することが求められる。PM理論（三隅二不二）は，マネジャーが，自己のリーダーシップのタイプを知り，これを維持・改善するのに有用な考え方である。PM理論に基づく分析を踏まえ，リーダーが現時点における自らのリーダーとしての行動に加えて実施することにより，そのリーダーシップを改善するために資する行動に関する次の①〜④の記述のうち，その内容が最も適切なものを１つだけ選びなさい。

① PM理論に基づく分析により，pM型とされたリーダーAは，自らのリーダーシップのタイプをPM型へと改善するために，自らのチームにおいて率いる部下一人ひとりに対し真摯に応じ，すべての部下を公平に扱うこととした。

② PM理論に基づく分析により，Pm型とされたリーダーBは，自らのリーダーシップのタイプをPM型へと改善するために，チーム全体の目標達成のため，個々の部下の業務目標の達成状況について厳格に指導することとした。

③ PM理論に基づく分析により，pM型とされたリーダーCは，自らのリーダーシップのタイプをPM型へと改善するために，チーム全体の雰囲気を，個々の部下がリラックスして就労できる環境に整えることとした。

④ PM理論に基づく分析により，Pm型とされたリーダーDは，自らのリーダーシップのタイプをPM型へと改善するために，チームを構成する個々の部下の置かれた状況や業務に対する意識等を理解するため，部下との面談を定期的に実施することとした。

第9問（2点）

マネジャーが，集団としての自チームをマネジメントするにあたって留意すべき事項に関する次のアおよびイについての①〜④の記述のうち，その内容が最も適切なものを１つだけ選びなさい。

ア．チームとしての意思決定をするために会議を実施し複数のメンバーで討論をするに際し，メンバーが討論前に有していた判断，感情または行動傾向が，会議での議論や討論を経ることによって，より危険性の高い方向に傾いていったり，逆に慎重な方向に傾いていくことがある。このような現象は，心理学において「斉一性の圧力」と呼ばれる。

イ．マネジャーは，チームをマネジメントするにあたり，集団を結成することにより発生する心理効果であるリンゲルマン効果に注意をする必要がある。リンゲルマン効果は，「社会的手抜き」や「社会的怠惰」とも呼ばれ，メンバーが単独で作業をするよりも集団で作業をする方が１人当たりの作業量が低下する現象を指す。

① アおよびイのいずれも適切である。
② アのみが適切である。
③ イのみが適切である。
④ アおよびイのいずれも適切でない。

第10問（2点）

マネジャーが人事考課を行うに際し，部下を評価するにあたって留意すべき事項である次のア～ウの記述のうち，その内容が適切なものを○，適切でないものを×とした場合の組み合わせを①～⑥の中から１つだけ選びなさい。

ア．マネジャーは，自らが率いるチーム全員が一丸となって，チームの目標に向かおうとするエネルギーを生み出すことが求められ，そのためには，チームを構成する部下の有する能力が均一である必要がある。そこで，マネジャーは，人事考課において部下を評価する際には，チームを構成するすべての部下について「普通」の評価をすることで，評価結果が平均的な等級に集中し，部下間に優劣の差が生じないように調整することが重要である。

イ．マネジャーは，人事考課において部下を評価する際には，部下の長所を伸ばすことにより短所を補うという観点から，部下の望ましい点や長所をなるべく多く取り上げてそれらを高く評価し，望ましくない点や短所は指摘せず，評価基準に達していない項目についても実際の評価よりも高めの評価をする必要がある。

ウ．マネジャーが部下を評価する際に，規定の評価項目および評価基準を厳格に適用して正確に評価することを重視するあまり，部下を実際よりも高めに評価するといった部下への気遣いをしない場合，マネジャーは，部下から，「心理的リアクタンス」（マネジャーに対する反発）を受けることとなる。マネジャーは，部下の「心理的リアクタンス」を回避するために，部下を評価する際には，部下を気遣い，部下を実際よりも高めに評価することが重要である。

① ア ○ イ ○ ウ ○
② ア ○ イ ○ ウ ×
③ ア ○ イ × ウ ×
④ ア × イ ○ ウ ○
⑤ ア × イ × ウ ○
⑥ ア × イ × ウ ×

第11問（3点）　過去問題

A社人事部のマネジャーXは，新入社員の育成にあたり，OJT（On the Job Training）とOff－JT（Off the Job Training）の手法の特徴を活かし，これらを効果的に組み合わせた育成手法を実施することを検討した。次のア～エの事項は，当該検討の中で，Xが列挙したOJTとOff－JTの特徴の一部である。これらの事項のうち，OJTの特徴の組み合わせを①～⑥の中から１つだけ選びなさい。

ア．従業員が自分の能力を高めるために業務外の時間を利用して自発的に行う能力開発のことであり，従業員個人の自分に対する教育投資である。

イ．実際の仕事そのものが教材となるので，実務に直結しており，その成果は実践的なものとなることが期待できる。

ウ．業務に関する指導をするために，あらかじめ設定した時間に，特定の施設に多数の従業員を集合させて指導をすることができるため，多数の従業員に同時に同内容の知識や技能を習得させることができる。

エ．習得する事項には，日常の業務における他部門や取引先等との間の調整，職場においてとるべき行動・態度や，仕事に対する姿勢など，日常の業務に特有な様々な事項が含まれる。

① アイ
② アウ
③ アエ
④ イウ
⑤ イエ
⑥ ウエ

第12問 (3点)

企業は，その経営環境の状況や経営戦略，指揮命令系統，意思決定権限，企業文化等の観点を考慮しつつ，適切な組織構造を選択することが重要である。次の①～③は，組織構造の一例である。

① 仕事の種類ごとに編成された複数の単位から構成される「機能別組織」
② 特定の仕事を果たすために，異なる技能，知識，ビジネス上の経験を有し，本来は異なる分野に属する複数の者により構成される「プロジェクトチーム型組織」
③ 経営層の下に複数の事業部を編成する「事業部制組織」

上記の①～③の組織構造のうち，次のア～エの特徴をすべて有するものを1つだけ選びなさい。

ア．通常「ライン」部門という，企業の目的を直接遂行する部門と，「スタッフ」部門という，ライン部門が効率よく業務遂行できるように指導，援助，助言をする部門（人事・経理・総務など）によって構成される。
イ．この組織構造の利点として，従業員がどのような業務を行うべきか（役割分担）を容易に理解できることが挙げられる。また，部門間での仕事の重複が避けられる。
ウ．この組織構造の利点として，従業員は，その職能に関する知識や技能を得ることによって，専門性を高めることを挙げることができる。これによって業務の効率性が上がり，また成果に直結すると考えることができる。
エ．この組織構造の難点として，急激な市場の変化や，各部門が連携し企業を挙げて取り組むべき業務には対応しにくいケースがあることが挙げられる。

第13問（2点）

マネジャーは，バーナード（Chester Barnard）の組織論を参考にし，自己が率いるチームについて，公式組織（2人以上の人々の意識的に調整された活動や諸力の一体系）が成立するための要素を充たしているかを検証することにより，自己が率いるチームを，単なる人間の集団としてではなく，企業の目標を達成するための集団として有効に機能させるのに役立てることができる。次のア～オのうち，バーナードの組織論において，公式組織が成立するための要素とされているものの組み合わせを①～⑤の中から1つだけ選びなさい。

ア．コミュニケーション
イ．経済的価値
ウ．共通目的
エ．イノベーション
オ．協働意欲（貢献意欲）

① アイウ　② アイエ　③ アウオ　④ イエオ　⑤ ウエオ

第14問（2点）

企業は，業界内での競争における優位な地位を確保するために，その保有する経営資源を有効に活用することが重要である。リソース・ベースト・ビュー（Resource-Based View, Jay Barney）は，企業はその保有する経営資源を有効に活用することによって，業界内での競争における優位な地位を獲得できるとする考え方であり，VRIO分析は，企業が遂行する事業に関し，「Value（経済的価値）」，「Rarity（稀少性）」，「Imitability（模倣困難性）」および「Organization（組織）」という要素についての問いに対する評価により，企業の保有する経営資源が強みなのか弱みなのかを判断するのに有用である。VRIO分析に関する次のア～エの記述のうち，その内容が適切なものを○，適切でないものを×とした場合の組み合わせを①～⑧の中から1つだけ選びなさい。

ア．企業が保有する経営資源の「Value（経済的価値）」は，「企業がその経営資源を保有していることで，外部環境における脅威を無力化することができるか，もしくは外部環境における機会を適切に捉えることができるか」という趣旨の問いに対する評価により判断される。

イ．企業が保有する経営資源の「Rarity（稀少性）」は，「その経営資源を保有していない企業が，その経営資源を保有するためには，コスト上の不利に直面するか」という趣旨の問いに対する評価により判断される。

ウ．企業が保有する経営資源の「Imitability（模倣困難性）」は，「企業が保有する経営資源が，VRIO分析の対象となる要素のうち，この要素以外のすべての要素を有している場合において，当該経営資源を最大限に活用するための，公式の命令・報告系統，マネジメント・コントロール・システム，報酬体系などのプロセスやルール，手続等が整っているか」という趣旨の問いに対する評価により判断される。

エ．企業が保有する経営資源の「Organization（組織）」は，「現在，その経営資源を保有しているのは，ごく少数の競合企業か」という趣旨の問いに対する評価により判断される。

①　ア　○　イ　○　ウ　○　エ　○
②　ア　○　イ　○　ウ　×　エ　×
③　ア　○　イ　×　ウ　○　エ　○
④　ア　○　イ　×　ウ　×　エ　×
⑤　ア　×　イ　○　ウ　○　エ　×
⑥　ア　×　イ　○　ウ　×　エ　○
⑦　ア　×　イ　×　ウ　○　エ　×
⑧　ア　×　イ　×　ウ　×　エ　×

第15問（3点） 過去問題

SWOT分析は，事業運営に関する要素を，強み（Strengths），弱み（Weaknesses），機会（Opportunities）および脅威（Threats）に分類してそれぞれの要素を洗い出し，事業の方向性や経営資源を投入すべき事業などの決定に役立てることができるフレームワークである。次の①～④の記述は，建設業を営むX社の営業部のマネジャーであるAが，SWOT分析を用いてX社の経営環境を分析した際の結果である。これらの分析結果のうち，SWOT分析における「強み（Strengths）」に該当するものを1つだけ選びなさい。なお，解答にあたっては，①～④のすべての分析結果がX社の経営環境の分析として適切であることを前提とするものとする。

① X社の所在地の官公庁舎がまもなく耐用年数に達するため，修繕等の公共工事の競争入札が予定されている。
② 高齢化社会対応，災害対策，建物の機能性の向上など，需要者のニーズは高度化かつ多様化している。
③ X社は，豊富な施工技術の蓄積があり，需要者からの多様な要望に対応できる。
④ 若年層の労働者の定着率が低い。

第16問（2点）

X社は，多様な商品を幅広く取り扱い，それらの卸売および消費者への直接販売を行う商社である。

X社の企画部マーケティング室では，X社が新規に取り扱うべき商品の選定に関し，その商品を取り扱う業界について議論がなされた。当該議論では，業界内における競合企業間の競争が激しい業界への参入は避けるべきだという認識で一致した。次の①～④の記述のうち，ファイブフォース分析（Michael Porter）の考え方に照らし，一般に，業界内における競合企業間の敵対関係が激化する要因とされるものを1つだけ選びなさい。

① 業界において同業企業の提供する商品が，それぞれ差別化されている。
② 業界における同業企業の数は少なく，各企業間の経営規模に明確な格差が存在する。
③ 商品を在庫として保有するのに多大なコストを要する。
④ 業界への参入障壁が大きく，業界からの撤退障壁が小さい。

第17問（2点）

甲社は，A事業・B事業・C事業・D事業・E事業の5つの事業を展開している。甲社経営企画部のマネジャーXは，これらの事業をPPM（Product Portfolio Management）分析に基づき，「金のなる木」，「花形」，「問題児」，「負け犬」の各象限に分類したところ，次の結果を得た。

金のなる木：A事業，B事業
花形　　　：該当する事業はない
問題児　　：C事業
負け犬　　：D事業，E事業

上記のPPM分析の結果に基づき，Xが検討した次の①～④の戦略案のうち，PPMの考え方に照らし，効率的に甲社の業績の向上を図るために最も適切でないものを1つだけ選びなさい。

① 甲社が展開する5つの事業のうち，4つの事業は，成熟期～衰退期に入っていることが考えられ，甲社の将来性の観点から，甲社として，「問題児」に分類される新規の事業に着手することを検討することが重要である。
② A事業およびB事業で生み出される利益をC事業に対する投資に充て，C事業を「花形」に成長させる戦略を検討するべきである。
③ A事業，B事業については，積極的な追加投資を控えてコストを削減し収益の最大化を目指すべきである。
④ D事業，E事業については，「負け犬」から脱却すべく，A事業およびB事業で生み出される利益を集中的に追加投資として充てることにより，市場の成長および市場におけるシェアの拡大を図ることを検討するべきである。

第18問（2点）

家電製品の製造・販売業を営むA社は，携帯用音楽再生装置の市場（以下，「本件市場」という）において，自社の製造・販売する装置甲を主力製品として最大のシェアを持ち，本件市場において競合他社を牽引する主導的立場にある。次のア～エの記述のうち，競争地位戦略（Philip Kotler）の考え方に照らし，A社が本件市場における自社の競争地位に応じて採るべき戦略として適切なものの個数を，①～⑤の中から1つだけ選びなさい。

ア．A社の資金力・卓越した商品開発力などを活用して，装置甲を中心とする周辺需要に幅広く商品を投入することにより，本件市場の拡大を目指す。

イ．新規の製品・サービスの開発や流通効率の改善，コストの削減により，Ａ社の競争力およびＡ社が顧客に提供できる価値の向上を持続し，本件市場におけるシェアの防衛を図る。

ウ．Ａ社の資金力を活用し，装置甲の購入者全員に，装置甲の販売価格の２倍の金額に相当する商品券を進呈する販売促進施策を実施することで，装置甲の購入者の増大を図り，その占有するシェアを拡大する。

エ．本件市場において，競合企業が，装置甲よりも安価な製品を開発し販売した場合には，競合企業にシェアを奪われないようにするため，Ａ社の資金力・卓越した商品開発力などを活用して，装置甲をその製造に通常必要な費用を著しく下回る対価で製造し継続して本件市場に供給することにより，競合企業の事業活動を困難にさせる。

①　０個　　②　１個　　③　２個　　④　３個　　⑤　４個

第19問（3点）　過去問題

Ｘ社は，自社製品の販売に関するα事業について，「成長マトリクス」（Igor Ansoff）における「多角化」の成長戦略を採用することとした。この場合において，Ｘ社がα事業について実施する事項に関する次の①～⑥の記述のうち，成長マトリクスの考え方に照らして適切なものを２つ選びなさい。

①　従来，ビジネスでの利用のために購買されるのが主流であった製品について，その購買層を一般消費者にも拡大する。

②　従来，製品の販売のみを事業としていたが，製品の販売だけでなく，製品を製造する事業も開始する。

③　現在，事業展開している既存の市場において，競合他社の製品を購入している消費者に自社の既存の製品を購入させる。

④　現在，事業展開している既存の市場において，従来とは異なる技術を採用して開発した製品を投入する。

⑤　既存の製品とは全く異なる新たな製品を開発し，現在事業展開している既存の市場ではなく，新規の市場に参入する。

⑥　現在，事業展開している既存の市場において，顧客による既存の製品の購買数量や購買頻度を増加させる。

第20問（2点）

甲社営業部の会議でのアイスブレイクで，参加者の論理的思考力の養成を目的とした試みが実施された。その内容は，同会議の参加者６名中の５名（A，B，C，D，E）のうち１名が虚偽の発言をし，他の４名は真実の発言をしていることを前提として，同参加者のFに対し，次の発言をし，Fが論理的思考に基づき，正しい結論を導くというものである。

A：「私は，先月，新規取引先を15件獲得しました。」

B：「Cは，虚偽の発言をしていません。」

C：「私は，先月の売上を，対前年同月比で７％増加させました。」

D：「Eの発言は，虚偽ではありません。」

E：「私の発言は，真実です。」

次の①～⑤の記述のうち，上記のA～Eの発言から，Fが論理的思考に基づいて導くべき結論としてその内容が最も適切なものを１つだけ選びなさい。

① 虚偽の発言をしているのはAである。
② 虚偽の発言をしているのはBである。
③ 虚偽の発言をしているのはCである。
④ 虚偽の発言をしているのはDである。
⑤ 虚偽の発言をしているのはEである。

第21問（3点）

財・サービスの生産に関する管理活動である生産管理（production management）は，「QCD」に関する最適化を図るため，人，物，金，情報を用いて，需要予測，生産計画，生産実施，生産統制を行う手続およびその活動であるとされる（JIS Z 8141：2022 1215）。生産管理の対象であるQCDに関する次のア～エの記述のうち，その内容が適切なものを○，適切でないものを×とした場合の組み合わせを①～⑫の中から１つだけ選びなさい。

ア．Qを向上させるほど，Cは低減するが，Dの数値が増加する。

イ．Qが低下すると，顧客からの信頼低下につながる。また，低下したQの改善のための作業のやり直し等により，Dの数値の減少やCの増加を引き起こし得る。

ウ．Cを低減させることは，利益の増加や競争力の強化につながると同時に，Qの向上とDの数値の減少をもたらす。

エ．Dの数値を改善する方法として，所定の標準作業時間と実際の作業に要する時間とを比較し，標準作業時間を大きく超える作業について作業時間の短縮を図るための方策を講じることが挙げられる。

①	ア	○	イ	○	ウ	○	エ	○
②	ア	○	イ	○	ウ	○	エ	×
③	ア	○	イ	○	ウ	×	エ	○
④	ア	○	イ	×	ウ	×	エ	×
⑤	ア	○	イ	×	ウ	○	エ	○
⑥	ア	○	イ	×	ウ	○	エ	×
⑦	ア	×	イ	○	ウ	×	エ	○
⑧	ア	×	イ	○	ウ	×	エ	×
⑨	ア	×	イ	○	ウ	○	エ	○
⑩	ア	×	イ	×	ウ	○	エ	×
⑪	ア	×	イ	×	ウ	×	エ	○
⑫	ア	×	イ	×	ウ	×	エ	×

Part 1 過去問題＆模擬問題（IBT・CBT対策）

第22問（2点） 過去問題

業務のマネジメントの効率化を図り，業務の管理を継続的に改善する手法の１つにPDCAサイクルがある。PDCAサイクルは，例えば内閣府では科学技術政策を進める上で重点的に取り組む事項として位置付けており，マネジャーは，業務の遂行にあたり，その過程においてPDCAサイクルを活用することが重要である。X社における下記の事項に関する次の①～④の記述のうち，その内容が最も適切なものを１つだけ選びなさい。

> **X社の営業部は，同社が策定した製品αの販売数量に関する計画に沿った販売施策を実施した。**

① 上記事項は，PDCAサイクルのPに該当する。
② 上記事項は，PDCAサイクルのDに該当する。
③ 上記事項は，PDCAサイクルのCに該当する。
④ 上記事項は，PDCAサイクルのAに該当する。

第23問（2点）

次の表は，損益計算書および貸借対照表の項目ごとにＸ社とＹ社の金額を対比させたものである（会計期間：20X1年４月１日～20X2年３月31日）。これらの表を前提とするア～エの記述のうち，その内容が適切なものの組み合わせを①～④の中から１つだけ選びなさい。なお，Ｘ社とＹ社は同業種の企業であり，両者の間には親子会社等の関係はないものとする。

損益計算書

（単位：百万円）

項目	金額	
	X社	Y社
売上高	500	1,000
売上原価	300	500
売上総利益	200	500
販売費及び一般管理費	100	400
営業利益	100	100
営業外収益	0	50
営業外費用	10	10
経常利益	90	140
特別利益	10	10
特別損失	0	50
税引前当期純利益	100	100
法人税，住民税及び事業税	20	20
当期純利益	80	80

貸借対照表

（単位：百万円）

項目	金額	
	X社	Y社
流動資産合計	500	900
固定資産合計	200	300
流動負債合計	100	500
固定負債合計	400	100
純資産合計	200	600

ア．Ｘ社の売上高総利益率は40％であり，Ｙ社と比べ，Ｘ社はより多くの付加価値を生み出しているといえる。

イ　X社の固定比率は100%であり，Y社と比べて高く，X社は安全性の面で優れているといえる。

ウ．X社の負債比率は250%であり，Y社と比べて高く，X社は安全性の面で劣っているといえる。

エ．X社の流動資産回転率は1回転であり，X社は流動資産の効率性についてY社よりも劣っているといえる。

①　アイ　　②　アウ　　③　イエ　　④　ウエ

第24問（2点）

X社は，製品の製造業を営む企業であり，その主力製品の製造に用いる原材料甲について，取引先のA社およびB社から供給を受けている。次の表は，X社の企画調査課がA社およびB社のいずれの方が原材料甲の売上高の減少への耐性があるかについて分析した際に用いた資料（会計期間：20X1年4月1日～20X2年3月31日）である。

	A社	B社
原材料甲の販売単価	5,600円	5,600円
原材料甲の販売数量	10,000個	10,000個
原材料甲の売上高	56,000,000円	56,000,000円
原材料甲の製造販売にかかる変動費	24,000,000円	8,000,000円
原材料甲の製造販売にかかる固定費	8,000,000円	24,000,000円
原材料甲の製造販売事業による営業利益	24,000,000円	24,000,000円

次の①～④の記述は，当該資料に基づく分析の結果について，企画調査課において検討した結果である。これらの結果のうち，当該資料に基づく分析から導かれるものとして最も適切なものを1つだけ選びなさい。

①　損益分岐点比率の数値は，A社よりもB社の方が小さい値となっている。したがって，原材料甲の売上高の減少への耐性は，A社よりもB社の方が強いといえる。

②　損益分岐点比率の数値は，A社よりもB社の方が小さい値となっている。したがって，原材料甲の売上高の減少への耐性は，B社よりもA社の方が強いといえる。

③　損益分岐点比率の数値は，B社よりもA社の方が小さい値となっている。したがって，原材料甲の売上高の減少への耐性は，A社よりもB社の方が強いといえ

る。

④　損益分岐点比率の数値は，B社よりもA社の方が小さい値となっている。したがって，原材料甲の売上高の減少への耐性は，B社よりもA社の方が強いといえる。

第25問（3点）　過去問題

企業が提供する製品・サービスを顧客に販売する仕組みであるマーケティングについては，業界や企業の置かれている状況によって異なる戦略がとられる。企業は，その立案したマーケティング戦略を遂行するために，製品戦略や広告，流通，人材配置等の施策を実施する。マーケティングミックス（Jerome McCarthy）は，「Product（製品）」，「Price（価格）」，「Place（流通）」，「Promotion（販促）」の各要素を明確化して組み合わせ，企業が立案したマーケティング戦略を具体的な施策へ落とし込む。

A社は，マーケティングミックスを活用し，同社の製品αを市場に送り込んだが，その販売実績は当初の予測を下回るものであった。A社が分析したところ，次のa～dに挙げる問題点が判明した。

a．ターゲットとしたセグメントの顧客が最寄りとする店舗で製品αが販売されていない
b．製品αは，ターゲットとしたセグメントの顧客の所得水準に対し，高価である
c．製品αの機能が，ターゲットとしたセグメントの顧客のニーズに適合していない
d．ターゲットとしたセグメントの顧客が製品αの特長・魅力を認識していない

これらの問題点のうち，dの問題点が生じる原因となるマーケティングミックスの戦略の不備として最も適切なものを次の①～④の中から1つだけ選びなさい。

①　Product（製品）戦略の不備
②　Price（価格）戦略の不備
③　Place（流通）戦略の不備
④　Promotion（販促）戦略の不備

第26問（3点）

イノベーター理論（Everett Rogers）に関する次のア～オの記述のうち，その内容が適切なものの個数を①～⑥の中から1つだけ選びなさい。

ア.「アーリー・アダプター」は，専門知識に裏打ちされた好奇心が旺盛なため，イノベーションを活用した全く新しい製品を入手したがる傾向がある。自分の価値観は社会の中で相容れないものと考えている。

イ.「レイト・マジョリティ」は，保守的で流行に関心が薄く，製品やサービスが普及し一般化するまで採用しないといった傾向がある。遅滞者とも呼ばれる。

ウ.「イノベーター」は，豊富な専門知識を持ち旺盛な好奇心の下で積極的に情報収集を行い判断する。自分の価値観は社会と調和していると考えており，イノベーションが社会に対していかなる影響を及ぼすかを予見する力を持っている。

エ.「ラガード」は，新しい製品などの採用には慎重で，他の大多数の人が使用するのを確認した後に新規の製品などを試す傾向にある。

オ.「アーリー・マジョリティ」は，新製品を導入するに際して，新製品を利用することで，仕事の効率化やコスト削減が図れるかといった実用性や，既に導入している他者の事例を重視する。

① 0個　② 1個　③ 2個　④ 3個　⑤ 4個　⑥ 5個

第27問（3点）

企業は，緊急事態に備え，平常時に行うべき活動や緊急時における事業継続のための方法・手段などを取り決めておく計画（BCP（Business Continuity Plan，事業継続計画））を策定し，これを全社に周知しておくことが重要である。次の①～⑤の記述のうち，中小企業庁「中小企業BCP策定運用指針　第2版－どんな緊急事態に遭っても企業が生き抜くための準備－」の趣旨に照らし，BCPの考え方に則った取組みとして最も適切でないものを1つだけ選びなさい。

① 自社が自然災害や人的災害に遭遇した場合，その事業活動にどのような影響が及ぶかを想定している。

② 自社周辺地域における，地震や風水害により発生し得る被害に関する危険性を把握している。

③　緊急事態に遭遇した場合，どの事業を優先的に継続・復旧すべきであり，そのためには何をすべきか考え，実際に何らかの対策をとっている。
④　定期的に避難訓練や初期救急，心肺蘇生法等の訓練を実施している。
⑤　一時的に事業の中断をせざるを得なくなった時点で，直ちに人員整理ができるよう，解雇の対象となる従業員をあらかじめ選定している。

第28問（3点）　過去問題

職場におけるパワー・ハラスメント（以下，本問において「パワハラ」という）は，被害を受けた者の尊厳や人格を侵害し，職場環境を悪化させる行為であり，これを放置すれば，労働者は，仕事への意欲や自信を失い，場合によっては心身の健康や生命すら危険にさらされることもある。また，企業は，安全配慮義務違反を問われたり，その経営上の観点からも，労働者の意欲・生産性の低下や企業イメージの悪化など大きな損失を被るおそれがある。厚生労働省「事業主が職場における優越的な関係を背景とした言動に起因する問題に関して雇用管理上講ずべき措置等についての指針」（以下，本問において「パワハラ指針」という）では，職場におけるパワハラとは，ⅰ）職場において行われる優越的な関係を背景とした言動であること，ⅱ）業務上必要かつ相当な範囲を超えたものであること，ⅲ）労働者の就業環境が害されるものであること，という要素をすべて満たすものとされる。そしてこれらの要素のうち，「優越的な関係を背景とした」言動とは，当該事業主の業務を遂行するにあたって，当該言動を受ける労働者が当該言動の行為者とされる者に対して抵抗または拒絶することができない蓋然性が高い関係を背景として行われるものを指すとされる。次のア～ウの記述のうち，パワハラ指針に照らし，「優越的な関係を背景とした」言動の例に該当するものを○，当該例に該当しないものを×とした場合の組み合わせを①～⑧の中から１つだけ選びなさい。

ア．職務上の地位が上位の者による言動
イ．同僚または部下による言動で，当該言動を行う者が業務上必要な知識や豊富な経験を有しており，当該者の協力を得なければ業務の円滑な遂行を行うことが困難であるもの
ウ．消費者個人または消費者団体による言動で，これに抵抗または拒絶することが困難であるもの

① ア ○ イ ○ ウ ○
② ア ○ イ ○ ウ ×
③ ア ○ イ × ウ ○
④ ア ○ イ × ウ ×
⑤ ア × イ ○ ウ ○
⑥ ア × イ ○ ウ ×
⑦ ア × イ × ウ ○
⑧ ア × イ × ウ ×

第29問（3点）

厚生労働省は，「労働時間の適正な把握のために使用者が講ずべき措置に関するガイドライン」（以下，「ガイドライン」という）を定め，使用者による労働者の労働時間の適正な把握の促進を図っている。部下に対する指揮命令権等を有するマネジャーも労働基準法上の使用者に該当することがあり，その場合，マネジャーは部下の労働時間を適正に把握する責務を負う。使用者に当たるマネジャー（以下，「マネジャー」という）が，部下である労働者の労働時間を把握する場合に関する次のア～ウの記述について，ガイドラインに照らし，その内容が適切なものを○，適切でないものを×とした場合の組み合わせを①～⑧の中から1つだけ選びなさい。

ア．マネジャーは，部下の労働時間を適正に把握するため，部下の労働日ごとの始業・終業時刻を確認し，記録することが必要である。
イ．マネジャーが始業・終業時刻を確認し，記録する場合には，タイムカードやICカード等の客観的な記録を基礎として確認し記録しなければならず，マネジャーが，自ら現認することにより確認し記録することは認められない。
ウ．自己申告制（労働者が自己の労働時間を自主的に申告することにより労働時間を把握するもの）により始業・終業時刻の確認・記録を行わざるを得ない場合，マネジャーは，自己申告制の対象となる部下に対して，労働時間の実態を正しく記録し，適正に自己申告を行うことなどについて十分な説明を行う必要がある。

① ア ○ イ ○ ウ ○
② ア ○ イ ○ ウ ×
③ ア ○ イ × ウ ○
④ ア ○ イ × ウ ×

⑤　ア　×　　イ　○　　ウ　○
⑥　ア　×　　イ　○　　ウ　×
⑦　ア　×　　イ　×　　ウ　○
⑧　ア　×　　イ　×　　ウ　×

第30問（3点）

マネジャーは，部下にストレスによる変化がないかどうか，日頃から注意を払い，時には声をかけるなどして確認することが重要である。部下の変化を早期に発見するためには，ストレッサー（ストレスが生じる原因となる刺激。ストレス要因）に対する人間の心身のメカニズムや反応を理解し，ストレッサーに対応しようとする生体の緊張（ストレイン）状態・反応（以下,「ストレス反応」という）が現れていないか注意することが有用である。次のア～エの記述のうち，ストレス反応として生じる変化として適切なものを○，適切でないものを×とした場合の組み合わせを①～⑧の中から1つだけ選びなさい。

ア．頭痛，肩こり，動悸・息切れ，胃痛，便秘・下痢，食欲低下，疲労感，不眠といった「身体面の反応」。
イ．不安，イライラ，恐怖，落ち込み，緊張，怒り等の感情の発生，集中困難，思考力低下，短期記憶喪失，判断・決断力低下などの心理的機能の障害といった「心理面の反応」。
ウ．心理的負荷がかかる極度の長時間労働を行ったことに伴う割増賃金の支給による収入の増加といった「経済面の反応」。
エ．飲酒・喫煙の量の増加，遅刻・欠勤の増加，仕事上のミスや事故の増加，攻撃的行動，引きこもり，孤立，ストレス場面からの回避行動といった「行動面の反応」。

①　ア　○　　イ　○　　ウ　○　　エ　○
②　ア　○　　イ　○　　ウ　○　　エ　×
③　ア　○　　イ　○　　ウ　×　　エ　○
④　ア　○　　イ　×　　ウ　×　　エ　○
⑤　ア　×　　イ　○　　ウ　○　　エ　×
⑥　ア　×　　イ　○　　ウ　×　　エ　○
⑦　ア　×　　イ　×　　ウ　○　　エ　×

⑧ ア × イ × ウ × エ ×

第31問（3点）

内閣府「仕事と生活の調和（ワーク・ライフ・バランス）憲章」（以下，「憲章」という）は，「仕事と生活の調和が実現した社会の姿」として目指すべき社会を３つ挙げている。企業とそこで働く者は，協調して生産性の向上に努めつつ，職場の意識や職場風土の改革とあわせ働き方の改革に自主的に取り組むことが求められる。次のア～ウの記述のうち，憲章において「仕事と生活の調和が実現した社会の姿」として目指すべき社会に適合するものを○，適合しないものを×とした場合の組み合わせを①～⑧の中から１つだけ選びなさい。

ア．多様な働き方・生き方が選択できる社会
イ．資産の運用による経済的自立が可能な社会
ウ．健康で豊かな生活のための賃金が確保できる社会

① ア ○ イ ○ ウ ○
② ア ○ イ ○ ウ ×
③ ア ○ イ × ウ ○
④ ア ○ イ × ウ ×
⑤ ア × イ ○ ウ ○
⑥ ア × イ ○ ウ ×
⑦ ア × イ × ウ ○
⑧ ア × イ × ウ ×

第32問（2点）

SNS（Social Networking Service）は，スマートフォン等のデジタル機器を用いて，インターネット上で人と人が繋がり，社会的ネットワークの構築を可能とするサービスである。SNSの利用者数の増加に伴い，SNSの利用にまつわるトラブルが増加している。マネジャーは，チームのメンバーによる不適切なSNSの利用を抑止し，トラブル発生の防止に努め，万一トラブルが発生した場合には適切に対応する必要がある。SNSに関する次のア～エの記述のうち，その内容が適切なものを○，適切でないものを×とした場合の組み合わせを①～⑧の中から１つだけ選びなさい。

ア．SNSにまつわるトラブルが発生する背景として，SNSに対する理解の不足やSNSから生じるリスクの軽視等が挙げられる。そこで，SNSにまつわるトラブルの予防策として，SNSの利用に関するガイドラインの策定や研修の実施等が有効である。

イ．企業は，就業規則の定めにより，従業員に対し，就業時間外も含め，SNSの利用を全面的に禁止することができる。

ウ．企業が業務に関する従業員間の連絡にSNSを用いている場合において，従業員に対し，就業時間外におけるSNSでの業務に関する連絡への対応を義務付けているときであっても，従業員がSNSでの業務に関する連絡への対応に費やした時間が労働基準法上の労働時間に該当することはない。

エ．企業がSNSの公式アカウントを設けている場合において，当該公式アカウントを担当している従業員が，当該公式アカウントを用いて第三者を誹謗中傷する内容の投稿を行った。この場合，当該第三者に対して損害賠償責任を負うのは当該投稿を行った従業員に限られ，当該企業が当該第三者に対して損害賠償責任を負うことはない。

①	ア	○	イ	○	ウ	○	エ	○
②	ア	○	イ	○	ウ	○	エ	×
③	ア	○	イ	×	ウ	×	エ	○
④	ア	○	イ	×	ウ	×	エ	×
⑤	ア	×	イ	○	ウ	○	エ	○
⑥	ア	×	イ	○	ウ	×	エ	×
⑦	ア	×	イ	×	ウ	○	エ	○
⑧	ア	×	イ	×	ウ	×	エ	×

第33問（3点）

製造業を営むＡ社は，自社製品の製造に関し，ヒューマンエラーの発生を防止するための対策についての検討会を実施した。次の①～④の記述は，当該検討会において参加者から提案された実施事項や注意事項の一部である。これらの事項のうち，ヒューマンエラーの防止対策として最も適切でないものを１つだけ選びなさい。

① 色のついたカードを作業工程表に置くことにより，作業経過を明確にし，作業の進捗状況を把握しやすくする。

② 作業従事者の間での伝達事項は，文書を用いて伝達することとし，文書を用いて伝達するに際し，伝達者が文書の記載内容を口頭で読み上げ，被伝達者も当該内容を復唱する。

③ 随時，作業手順の見直しを行い，作業を補助するツールを導入したり，不要な作業を廃止すること等により，可能な限り，作業を簡易化するための措置を講じる。

④ 作業従事者全員が安心して業務に取り組める職場を構築する観点から，業務を遂行する中で不安全行動・不安全状態に気づいた場合であっても，他の作業従事者に心配を掛けないように自分一人の心に収めておく。

第34問（3点）

ファミリーレストランチェーンの経営を主たる業務とするA社の企画調査課長Xは，A社の運営するファミリーレストランP店の店長Yから，次の内容の報告およびその対応についての相談を受けた。

> P店にZという人物が来店し，「同和問題を解決するために寄付を募っているので，ご協力をお願いしたい」との要求があった。

企画調査課において，Zに関し調査したところ，Zはいわゆるえせ同和行為（同和問題の解決に寄与しているかのように装って，企業・個人などに不当な利益や義務のないことを要求する行為）を生業としていることが判明した。Xは，えせ同和への対応方法を法務省人権擁護局が公表した「えせ同和行為対応の手引」（令和３年12月）に沿って検討することとした。えせ同和行為に対しA社がとるべき具体的対応に関する次の①～⑦の記述のうち，えせ同和行為対応の手引に照らし，その内容が最も適切でないものを１つだけ選びなさい。

① 相手方の氏名，所属団体，所在（場合により電話番号）等を確認する。他人の代理人と称する場合には，その関係，委任の事実も確認する。

② 対応は，必ず２名以上で行う。

③ 相手の話はよく聞き，その趣旨，目的を明確にしておく。

④ おびえず，慌てず，ゆっくりと応対し，無礼な態度を見せないよう注意する。

⑤ 相手方の挑発に乗ってはいけないが，相手方を挑発して相手方の平常心を乱す行為は行うべきである。

⑥ 話の内容は，面接の場合でも電話の場合でも，できるだけ録音するか，または詳細に記録をとる。関連していると思われる無言電話も，その時間，状況等を記録する。

⑦ 特別の事情がない限り，自ら相手方に電話をしないようにする。また，その約束もしてはいけない。

問題②
問題

第35問（2点）

食品メーカーであるA社は，インターネット上の自社のホームページ（以下，「HP」という）で自社製品である栄養サプリメント甲を販売している。この場合に関する次のアおよびイについての①～④の記述のうち，その内容が最も適切なものを1つだけ選びなさい。なお，A社によるHPにおける甲の販売は，特定商取引に関する法律（特定商取引法）上の通信販売に該当するものとする。

ア．A社は，特定商取引法に基づき，HPにおいて，「甲の購入後は，開封前であっても返品には応じない」旨を明示している。この場合であっても，特定商取引法上，A社は，甲の売買契約成立時から一定期間内は，その返品の理由の如何にかかわらず，甲を購入した消費者からの返品の求めに応じなければならない。

イ．A社は，HPにおいて，「500グラムで800円」と表示して甲を販売している。甲は，緩衝材および防湿剤とともにプラスチック容器に入れて販売され，購入者に送付される際には包装用段ボールで梱包して発送されている。HP上の表示である「500グラム」は，甲だけでなく，容器・緩衝材・防湿剤・包装用ダンボールのすべてを合わせた重量であるが，その旨はHP上では明示されていない。この場合は，A社の本件表示行為は，不当景品類及び不当表示防止法（景品表示法）に違反する可能性がある。

① アおよびイのいずれも適切である。
② アのみが適切である。
③ イのみが適切である。
④ アおよびイのいずれも適切でない。

第36問（2点）………過去問題

企業では，その事業の運営に関し，その一部の遂行を外部の業者や個人事業主などの下請事業者に委託（外注）する場合があり，その際，下請代金支払遅延等防止法（以下，「下請法」という）が適用されることがある。下請法に違反すると，罰金を科される可能性があるだけでなく，企業名や違反事実が公表される可能性もある。マネジャーは，その推進する事業活動がコンプライアンスに適合したものとなるようにするために，事業活動に関連し得る下請法に関する知識を有しておく必要がある。下請法に関する次のアおよびイについて，その内容が適切なものを○，適切でないものを×とした場合の組み合わせを①～④の中から１つだけ選びなさい。

ア．下請法上，親事業者は，下請事業者に製造委託をした場合，原則として，直ちに，下請事業者の給付の内容，下請代金の額，支払期日および支払方法等を記載した書面を下請事業者に交付しなければならない。

イ．下請法上，親事業者は，正当な理由の有無にかかわらず，下請事業者が製造委託等により製造した物品を受領することを条件に，当該下請事業者に対し，自己の指定する物を強制して購入させることが認められている。

① ア○　イ○
② ア○　イ×
③ ア×　イ○
④ ア×　イ×

第37問（3点） 過去問題

企業は，その事業を推進するにあたり，想定されるリスクを考慮し，事業の継続等の観点から，損失等の発生の事前防止措置やリスク顕在化時への備え（以下，「リスクへの対応」という）をすることが重要である。リスクへの対応としては，一般に，後記の①～④が考えられる。
A社では，自社の事業の1つであるX業務の運営に関し存するリスクYへの対応として，次の事項を実施している。

> X業務に関する情報資産のうち，リスクYが顕在化する可能性の高い情報資産を廃棄する。

リスクYへの対応としてA社が実施している上記の事項が該当するものとして最も適切なリスクへの対応を①～④の中から1つだけ選びなさい。

① リスクが顕在化する可能性を除去する「リスクの回避」
② リスクの顕在化の可能性を低減する「リスクの低減」
③ リスクを他者に移転する「リスクの移転」
④ リスクを受容する「リスクの保有」

第38問（2点）

建設業を営むA社の総務部マネジャーXは，甲市の公共工事の入札に関し，自社の従業員Yが，上司への相談もなく独断で，同業のB社およびC社の担当者と談合し，A社が当該公共工事を落札できるよう調整している事実を知った。この場合において，A社がとるべき対応としてXが検討した事項である次の①～④の記述のうち，その内容が最も適切でないものを1つだけ選びなさい。

① A社の法務担当部署と連携し，法令に違反する事項の内容を調査するとともに，弁護士等の専門家や関係官庁への照会および確認を行う。
② 甲市の担当職員と連絡をとり，当該担当職員に金品等を贈り，A社が本件入札談合には関与していない旨の証言を依頼する。
③ 法令違反の事実が公になることにより，業務を遂行する上で影響を受ける事項を確認する。
④ 入札談合に関する事実を自主的に公正取引委員会に報告して調査に協力し，A

社に対する行政処分の軽減を図る。

第39問（2点）

マネジャーは，景気の状況を示す各種の指標に関する知識を有しておくことが重要である。次の文章の空欄AおよびBに当てはまる語句の組み合わせを次の①～③の中から1つだけ選びなさい。

> 日本企業であるX社が，海外のα国において行った経済活動により得た収益は，日本の［A］の構成要素とはならないが，日本の［B］の構成要素となる。

① A－GNI（国民総所得：Gross National Income）
　B－GDE（国内総支出：Gross Domestic Expenditure）
② A－GDP（国内総生産：Gross Domestic Product）
　B－GNI（国民総所得：Gross National Income）
③ A－GNI（国民総所得：Gross National Income）
　B－GDP（国内総生産：Gross Domestic Product）

第40問（2点）

スマートフォンやコンピュータ等の情報通信機器だけでなく，通信機能とセンサーを搭載した様々な物同士が，インターネットを介して相互に情報を通信することにより，監視や管理の対象に関するデータを収集して状態を把握し制御を行うことや，蓄積されたデータの分析等を基に様々な問題解決等に役立てるしくみであるIoT（Internet of Things）の活用によって可能となる技術の例として最も適切でないものを次の①～③の中から1つだけ選びなさい。

① 製造業の分野において，工場内に点在するすべての機械設備をインターネットに接続し，各設備の制御，稼働状況をデータ化し，遠隔地において各設備を操作することにより，作業工程の効率化を図り，生産性や品質の向上を可能とする。
② 商品の販売の分野において，専ら，専門的な商品知識を有する店員が店舗において顧客と直接対面し商品の説明をしながら当該顧客に適合する商品を販売する「対面販売」を可能とする。

③　農業の分野において，農作業場の温度や湿度，農作物の生育状態，農作業用機械の稼働状況や不具合の有無などを，農作業場の土壌に設置したセンサーやカメラ，農作業用機械に設置した機器の稼働状況の分析等を行う機器をインターネットに接続することで，携帯しているスマートフォンやタブレット端末で遠隔地においても適時把握することを可能とする。

第1問　正解：③

［解説］　公式テキスト 第1部第1節

アおよびイは適切である。

ウについて，食品ロス削減推進法では，事業者はその事業活動において，また消費者はその消費生活において，都道府県および市町村が定める食品ロス削減推進計画を遵守し，食品ロスの削減のための措置を講じる義務を負う旨，および，これに違反し当該措置を講じない事業者および消費者に対し刑事罰が適用される旨は規定されていない。

第2問　正解：⑥

［解説］　公式テキスト 第1章第1節

イは適切である。

アについて，自己が認識していない自己の資質（盲点の領域に属する資質）についての他者からの評価や意見，指摘に頑なに耳を貸さなければ，当該資質について認識できない可能性があり，これにより開放の領域が拡がらないこともある。そのため，当該資質について他者からの評価や意見，指摘に真摯に耳を傾ける人と，頑なに耳を貸さない人とでは，異なることはないとする本肢は適切ではない。

ウは，未知の領域ではなく，盲点の領域に関する記述である。

第3問　正解：⑥

過去問題

［解説］　公式テキスト 第2章第2節

アについて，会議において，職位が上位の者の発言であるからといって，当該発言を他の参加者の発言よりも貴重な発言として最も重視するようなことは，ファシリテーターとして適切とはいえない。

イについて，会議において，参加者が意見を述べている途中にそれを遮り，会議を終結させるようなことは，ファシリテーターとして適切とはいえない。

ウおよびエは適切である。

第4問　正解：②

［解説］　公式テキスト 第2章第3節

EQ理論の考え方によれば，イの記述は「感情の識別」であり，エの記述は「感情の利用」であるとされている。

第5問　正解：①

［解説］ 公式テキスト 第3章第4節

２要因理論における衛生要因の例としては，賃金・労働時間等の労働条件，職場施設・設備の充実度，福利厚生などが考えられ，動機づけ要因の例としては，達成感や成長感，昇進，仕事への責任・与えられた権限，職務充実などが考えられる。本問の選択肢の中では，アおよびイが衛生要因として適切と考えられる。

第6問　正解：ア①　イ①

［解説］ 公式テキスト 第3章第1節

アおよびイは適切である。

第7問　正解：②

［解説］ 公式テキスト 第2章第1節

①について，人は，相手の話の内容がわからなくなったり，興味が持てなくなったりすると，沈黙することがある。とくに，立場に違いがある場合，立場の弱い人は，発言者の意見に質問や反論もできず沈黙するしかないことがある。相手が，自分の話に対して適度に質問をしたり，意見を述べたりすることができているかどうかを見極めることが大切である。

③について，相手の発言を途中で遮って自分の意見を一方的に述べることは，発言者に不快の念を生じさせ，相手とのコミュニケーションが失敗するおそれがある。

第8問　正解：④

過去問題

［解説］ 公式テキスト 第3章第3節

PM理論（三隅二不二）は，リーダーシップを，「Ｐ機能」（目標設定や計画立案，メンバーへの指示などにより目標を達成する能力）と，「Ｍ機能」（集団における人間関係を良好に保ち，チームワークを維持・強化する能力）で構成されるものと捉え，これら「Ｐ」と「Ｍ」の２つの能力要素の強弱によって，リーダーシップのタイプを４類型（PM 型，Pm型，pM型，pm型）に分類している。

①および③において，PM理論に基づく分析によりリーダーＡおよびリーダーＣのリーダーシップのタイプとされた「pM型」のリーダーシップの傾向は，チームをまとめ，チーム全体の調和を築く力は強いが，チームの仕事の成果をあげることに弱いとされる。pM型のリーダーは，自らのリーダーシップのタイプをPM型へと改善するために，部下との関係性を築くアクションよりも，自チームの生産性を上げるためのアクションに重点を置くことを検討することが重要であると考えられる。

②について，PM理論に基づく分析により，リーダーBのリーダーシップのタイプとされた「Pm型」のリーダーシップの傾向は，チームの仕事の成果をあげる力が強いが，チームをまとめ，チーム全体の調和を築くことは弱いとされる。Pm型のリーダーは，自らのリーダーシップのタイプをPM型へと改善するために，自チームの生産性を上げるためのアクションよりも，部下との関係性を築くアクションに重点を置くことを検討することが重要であると考えられる。

第9問　正解：③

[解説] 公式テキスト 第6章第1節

アについて，チームとしての意思決定をするために会議を開き複数のメンバーで討論をするに際し，メンバーが討論前に持っていた判断，感情または行動傾向が，会議での議論や討論を経ることによって，より危険性の高い方向に傾いていったり，逆に用心深い方向に傾いていくことがある。このような現象は，心理学において「集団極性化」と呼ばれる。よって適切ではない。

イは適切である。

第10問　正解：⑥

[解説] 公式テキスト 第5章第5節

アについて，チーム全員が一丸となってチームの目標に向かおうとするエネルギーを生み出すためには，必ずしもチームを構成する部下の有する能力が均一である必要はない。また，マネジャーが部下を評価する際に，すべての部下について「普通」の評価をし評価結果を平均的な等級に集中させたとしても，部下間の優劣の差が生じなくなるものではない。マネジャーは，人事考課に際しては，部下の勤務態度，意欲，業績等について，日常的に良い点や悪い点を具体的に記録し，客観的な事実に基づいて考課をすること等が重要である。

イについて，人事考課においてマネジャーが部下を評価する際には，部下の望ましい点や長所だけでなく，望ましくない点や短所についても適正に評価する必要がある。

ウについて，心理的リアクタンスは，例えばAがBに対してある選択を強制しようとした場合，Bは自らの自由な意思が害されたと感じた結果，BはAが強制しようとした選択とは逆の態度・意思決定をするとの考え方である。なお，人事考課においてマネジャーが部下を評価する際には，規定の評価項目および評価基準を厳格に適用して正確に評価することを重視することが重要であり，部下を実際よりも高めに評価するといった部下への気遣いをするべきではない。

第11問　正解：⑤

過去問題

［解説］ 公式テキスト 第５章第４節

OJTの特徴を示すものは，イおよびエである。OJTは，実際の業務の中で仕事の内容や進め方を教える具体的かつ直接的な指導方法であるため，実践的な職務遂行能力を迅速に習得させることが可能になる。また，現場で実際に必要とされる知識やスキルを教えることができるため，現場のニーズを反映した育成が可能になる。

第12問　正解：①

［解説］ 公式テキスト 第６章第３節

ア～エは，「機能別組織」を特徴づける要素である。

第13問　正解：③

［解説］ 公式テキスト 第６章第３節

バーナード（Chester Barnard）は，公式組織が成立するための要素として，「共通目的」，「協働意欲（貢献意欲）」，「コミュニケーション」を挙げている。

第14問　正解：④

［解説］ 公式テキスト 第７章第３節

イについて，企業が保有する経営資源の「Rarity（稀少性）」は，「現在，その経営資源を保有しているのは，ごく少数の競合企業か」という趣旨の問いに対する評価により判断される。

ウについて，企業が保有する経営資源の「Imitability（模倣困難性）」は，「その経営資源を保有していない企業が，その経営資源を保有するためには，コスト上の不利に直面するか」という趣旨の問いに対する評価により判断される。

エについて，企業が保有する経営資源の「Organization（組織）」は，「企業が保有する，「Value（経済的価値）」，「Rarity（稀少性）」および「Imitability（模倣困難性）」を有する経営資源を最大限活用するための，公式の命令・報告系統，マネジメント・コントロール・システム，報酬体系などの組織におけるプロセスやルール，手続等が整っているか」という趣旨の問いに対する評価により判断される。

第15問　正解：③

過去問題

［解説］ 公式テキスト 第７章第３節

SWOT分析は，自社事業の状況を，外部環境（自社事業を取り巻く経済情勢や市場の動勢，法律改正，競合他社や行政の動きなど）についてのプラス要因である「機会」とマイナス要因である「脅威」と，内部環境（自社が有する経営資源やブランド力，立地条件，技術力など）のプラス要因である「強み」とマイナス要因である「弱み」とに整理して分析することで，経営戦略の策定等に活かすことのできるフレームワークである。

	プラス要因	マイナス要因
外部環境	機会（Opportunity） 自社の事業展開に有利に働く外部の環境要因（自社製品市場の拡大，競合店舗の撤退，自社事業に有利に働く法改正など）	脅威（Threat） 自社の事業展開に不利に働く外部の環境要因（自社製品市場の成熟化・縮小，競合店舗の出現，自社事業に不利に働く法改正など）
内部環境	強み（Strength） 事業展開に有利に働く自社内部の特徴を指す（営業力や技術力，特許や商標などの知的財産，顧客ロイヤルティの高さなど）	弱み（Weakness） 事業展開に障壁となる自社内部の問題点を指す（資金不足，人材不足，DXへの対応の遅れなど）

本問における①～④のうち，SWOT分析における「強み（Strengths）」には，③が該当する。

第16問　正解：③

［解説］ 公式テキスト 第７章第３節

本問の①～④の記述のうち，ファイブフォース分析（Michael Porter）における，業界内の競合企業間の敵対関係が激化する要因に該当するのは，③「商品を在庫として保有するのに多大なコストを要する」ことである。

第17問　正解：④

［解説］ 公式テキスト 第７章第３節

④について，PPMでは，「負け犬」に当たるＤ事業，Ｅ事業については，撤退を検討するとされる。

第18問　正解：③

［解説］ 公式テキスト 第７章第４節

ウのような行為は，不当景品類及び不当表示防止法（景品表示法）上の景品類の提供の制限および禁止に関する規定に違反する可能性がある。

エのような行為は，不公正な取引方法として，独占禁止法に違反する可能性がある。

第19問　正解：②，⑤

過去問題

［解説］ 公式テキスト 第７章第４節

「成長マトリクス」（Igor Ansoff）では，「市場」と「製品」という２軸を設定し，それぞれの軸について新規と既存に切り分けた場合に，企業が向かうべき方向性として，「市場開拓」，「市場浸透」，「多角化」および「製品開発」の４つが示される。

市場開拓	既存の製品やサービスを，自社がまだ参入していない新規の市場で展開する（海外進出によるマーケットの拡大や，既存製品を新規の顧客層に販売するなど）。
市場浸透	既存の製品やサービスを，既存の市場に浸透させる（既存の顧客の購買数や購買リピート率を増加させる，競合他社の顧客を奪うなど）。
多角化	新製品や新サービスを，新たな市場で展開する（既存のビジネスと異なる手法で収益機会の獲得を図る，企業にとって新分野への挑戦であるためリスクが伴う）。
製品開発	既存の市場に対して，新製品や新サービスを展開する（既存製品に関連した新製品の開発や，従来の製品のグレードアップ版を販売するなど）。

本問では，②，⑤が「多角化」に該当する。

第20問　正解：①

［解説］ 公式テキスト 第８章第２節

Ｃの発言が虚偽だとすれば，Ｂの発言も虚偽であることになり，５名（Ａ，Ｂ，Ｃ，Ｄ，Ｅ）のうち１名が虚偽の発言をし，他の４名は真実の発言をしているという前提が成立しない。ＤおよびＥの発言についても同様である。

第21問　正解：⑪

［解説］ 公式テキスト 第９章第４節

「QCD」は，品質（Quality），費用（Cost）および納期（Delivery）を指す。

アについては，一般に，品質（Quality）を向上させるほど，通常は費用（Cost）は増加する。

イについては，Ｄの数値の増加やＣの増加を引き起こし得る。

ウについては，Ｃを低減させることは，利益の増加や競争力の強化につながるものではなく，また同時に，Ｑの向上とＤの数値の減少をもたらすものでもない。

エは適切である。

第22問　正解：②

過去問題

［解説］ 公式テキスト 第８章第１節，第９章第４節

本問における「Ｘ社の営業部は，同社が策定した製品 α の販売数量に関する計画に沿った販売施策を実施した」という事項は，PDCAサイクルのＤに該当する。

第23問　正解：④

［解説］ 公式テキスト 第９章第２節

アは適切ではない。売上高総利益率は，売上総利益÷売上高×100（%）で計算され，数値が高い方がより多くの付加価値を生み出していると評価できる。Ｘ社の

売上高総利益率は40%であり，Ｙ社は50%であるから，Ｙ社の方がＸ社よりも多くの付加価値を生み出しているといえる。

イは適切ではない。固定比率は，固定資産÷純資産×100（%）で計算され，数値が低いほど過剰投資が少なく安全性の面で優れていると評価できる。Ｘ社の固定比率は100%であり，Ｙ社は50%である。したがって，Ｙ社の方がＸ社よりも安全性の面で優れているといえる。

ウ・エは適切である。

第24問　正解：④

［解説］ 公式テキスト 第９章第１節

損益分岐点比率は，損益分岐点売上高÷実際の売上高×100の計算式で求める。

なお，「損益分岐点売上高」は，販売単価×損益分岐点販売数量

損益分岐点販売数量は，固定費÷単位当たりの限界利益

単位当たりの限界利益は，販売単価－単位当たりの変動費

の計算式でそれぞれ求める。

上記の計算式から算出したＡ社の損益分岐点売上高は14,000,000円，Ｂ社の損益分岐点売上高は28,000,000円となる。これらの損益分岐点売上高により損益分岐点比率の計算式で算出すると，本件における損益分岐点比率の数値は，Ａ社が25%，Ｂ社が50%となる。損益分岐点比率の数値は，小さい値である方が望ましい。

第25問　正解：④

過去問題

［解説］ 公式テキスト 第10章第１節

マーケティングミックス（Jerome McCarthy）では，マーケティング戦略を，「4P」と呼ばれる「Product（製品）」，「Price（価格）」，「Place（流通）」，「Promotion（販促）」の各要素を明確化して組み合わせて具体的な施策へ落とし込む。上記のうち，「Promotion（販促）」は，顧客とのコミュニケーションを通じ，顧客に製品の存在，機能・価値などを効果的に伝えて製品の認知度を高め，顧客を購買行動に導く一連の活動を指す。本問におけるｄの問題点（「ターゲットとしたセグメントの顧客が製品 α の特長・魅力を認識していない」）は，Promotion（販促）戦略の不備を原因とするものと考えられる。

第26問　正解：②

［解説］ 公式テキスト 第10章第２節

アについて，「アーリー・アダプター」は，豊富な専門知識を持ち旺盛な好奇心の下で積極的に情報収集を行い判断する。自分の価値観は社会と調和していると考えており，イノベーションが社会に対していかなる影響を及ぼすかを予見する力を

持っているとされる。

イについて,「レイト・マジョリティ」は,新しい製品などの採用には慎重で,他の大多数の人が使用するのを確認した後に新規の製品などを試す傾向にあるとされる。

ウについて,「イノベーター」は,専門知識に裏打ちされた好奇心が旺盛なため,イノベーションを活用した全く新しい製品を入手したがる傾向があり,自分の価値観は,社会の価値観と異なると考えているとされる。

エについて,「ラガード」は,流行に関心が薄く,製品やサービスが普及し一般化するまで採用しないといった傾向があるとされる。

第27問　正解:⑤

[解説] 公式テキスト 第11章第4節

緊急時下で一時的に事業を中断せざるを得なくなった時点で直ちに人員整理(整理解雇)をすることは,認められない。

第28問　正解:②

過去問題

[解説] 公式テキスト 第12章第2節

「パワハラ指針」では,「優越的な関係を背景とした」言動の例として,次のもの等が含まれるとしている。

- 職務上の地位が上位の者による言動
- 同僚又は部下による言動で,当該言動を行う者が業務上必要な知識や豊富な経験を有しており,当該者の協力を得なければ業務の円滑な遂行を行うことが困難であるもの
- 同僚又は部下からの集団による行為で,これに抵抗又は拒絶することが困難であるもの

第29問　正解:③

[解説] 公式テキスト 第12章第1節

イについて,使用者が始業・終業時刻を確認し,記録する方法としては,原則として,ⅰ)使用者が,自ら現認することにより確認し,適正に記録すること,ⅱ)タイムカード,ICカード,パソコンの使用時間の記録等の客観的な記録を基礎として確認し,適正に記録することのいずれかの方法によることとされている。

第30問　正解:③

[解説] 公式テキスト 第12章第3節

ウについて,割増賃金の支給による収入の増加といった「経済面の反応」は,ス

トレッサーに対応しようとする生体の反応（ストレス反応）として生じる変化とはいえない。

第31問　正解：④

［解説］ 公式テキスト 第12章第４節

「仕事と生活の調和（ワーク・ライフ・バランス）憲章」は，仕事と生活の調和が実現した社会とは，「国民一人ひとりがやりがいや充実感を感じながら働き，仕事上の責任を果たすとともに，家庭や地域生活などにおいても，子育て期，中高年期といった人生の各段階に応じて多様な生き方が選択・実現できる社会」であるとし，具体的には，以下のような社会を目指すべきとしている。

ⅰ）就労による経済的自立が可能な社会
ⅱ）健康で豊かな生活のための時間が確保できる社会
ⅲ）多様な働き方・生き方が選択できる社会

第32問　正解：④

［解説］ 公式テキスト 第12章第１節，第14章第２節

イについて，企業は，就業規則の定めにより，従業員に対し，就業時間外のプライベートな時間について，SNSの利用を全面的に禁止することはできない。

ウについて，本肢のように，就業時間外におけるSNSでの業務に関する連絡への対応を義務付けている場合，従業員がSNSでの業務に関する連絡への対応に費やした時間は労働基準法上の労働時間に該当し得る。

エについて，本肢のような場合，企業も損害賠償責任を負う可能性がある。

第33問　正解：④

［解説］ 公式テキスト 第13章第１節

④の不安全行動・不安全状態が事故につながることを防止する観点からも，不安全行動・不安全状態に気づいた状況，その原因などを組織・チーム内で話し合い，状況や原因等に応じた予防策・対応策を検討するなど，組織・チーム内で共有化することが大切である。

第34問　正解：⑤

［解説］ 公式テキスト 第13章第４節

⑤について，えせ同和行為対応の手引では，「相手方の挑発に乗ってはいけない。まして，相手方を挑発してはいけない」とする旨が記載されている。

第35問　正解：③

［解説］ 公式テキスト 第11章第4節

アについて，特定商取引法上，通信販売において，商品の購入者は，その商品の引渡しを受けた日から起算して所定の期間を経過するまでの間は，その売買契約の申込みの撤回等を行うことができるが，事業者が申込みの撤回等についての特約（返品特約）を広告に表示した場合には，当該返品特約が優先される。

イは適切である。

第36問　正解：②

過去問題

［解説］ 公式テキスト 第14章第2節

イについて，下請法上，親事業者は，下請事業者の給付の内容を均質にし，またはその改善を図るため必要がある場合その他正当な理由がある場合を除き，自己の指定する物を強制して購入させ，または役務を強制して利用させることを禁止されている（下請法4条1項6号）。

第37問　正解：①

過去問題

［解説］ 公式テキスト 第11章第2節

本問における①～④のうち，「X業務に関する情報資産のうち，リスクYが顕在化する可能性の高い情報資産を廃棄する」が該当するものとして最も適切なものは，「リスクが顕在化する可能性を除去する『リスクの回避』」である。

第38問　正解：②

［解説］ 公式テキスト 第14章第2節

②の行為は，贈賄罪に該当し刑事罰を受けるおそれがある。

第39問　正解：②

［解説］ 時事問題

海外で稼得した自国民の所得は，GDP（国内総生産：Gross Domestic Product）の構成要素とはならないが，GNI（国民総所得：Gross National Income）の構成要素となる。

第40問　正解：②

［解説］ 時事問題

②について，「対面販売」は，本問における①～③のうち，IoT（Internet of Things）の活用によって可能となる技術の例として最も適切でない。

➡解答・解説はp.125～

第1問（3点） 過去問題

国際連合により提唱された「責任投資原則」（PRI：Principles for Responsible Investment）は，投資家に対し「ESGの課題を投資分析と意思決定プロセスに組み込むこと」や「投資対象の企業にESGの課題の適切な開示を求めること」などを求めている。このことは，企業が長期的な成長をしていくために，ESGが重要な要素となることを意味すると考えることができる。また，企業が取引先や原材料の供給元を選定するにあたり，ESGへの取組みを条件とするケースが増加すると考えられ，株式市場を通じて資金調達をすることを予定しない中小企業においても，将来にわたって永続的に事業を維持し発展していくためにESGに対する取組みは重視されるべき課題である。X社は，ESGに関する取組みとして，次の①～④の活動を実施している。これらの活動のうち，ESGを構成する「E」・「S」および「G」における「E」に最も関連する取組みを1つだけ選びなさい。

① X社内の業務とX社の事業にかかわるサプライチェーン全体において，雇用，報酬・手当，研修，昇進等のあらゆるプロセスでジェンダー平等の体制を構築する。

② 地球温暖化への対策の一環として，温室効果ガス（Greenhouse Gas：GHG）の排出を抑制する。

③ 従業員の心身の疲労の回復を図るための施設・設備の設置・整備により，労働安全衛生の維持・向上を図る。

④ X社の取締役の職務の執行が適正に実施されることを確保するための体制を強化する。

第2問（2点）

X社営業部のマネジャーAの部下であるBは，仕事に対する意欲も仕事のスキルも高い水準に達しており，日常業務においてAを補佐する存在である。Aは，Bを新たなマネジャーとして育成する観点から，Bの対人コミュニケーションの傾向を把握するため，エゴグラム（John Dusay）を活用して分析したところ，「NP（Nurturing Parent）が優勢な状態」という結果を得た。AがBを新たなマネジャーとして育成するにあたり留意すべき事項に関する次の①～⑤の記述のうち，エゴグラムの観点に照らし，その内容が最も適切なものを1つだけ選びなさい。

① 「NP」は，直感力，創造性，表現力のあるタイプであり，感情の自由な表現，健康的で活動的といった傾向があるとされる。Aは，Bを新たなマネジャーとして育成するにあたり，Bが，他人との接し方等において，わがままになったり，自己中心的となったりすることがあり得ることに留意することが大切である。

② 「NP」は，リーダー的な性格であり，正義感，責任感のあるタイプとされる。Aは，Bを新たなマネジャーとして育成するにあたり，Bが，他人への接し方等において，「～では駄目だ」という批判的な態度をとることがあり得ることに留意することが大切である。

③ 「NP」は，素直で従順，忍耐力のあるタイプであり，協調性が高く，受け身的で，行儀よくふるまい，絶えず周囲に気兼ねし，その期待に応えようと努力する傾向があるとされる。Aは，Bを新たなマネジャーとして育成するにあたり，Bが，他人への接し方等において，自分を抑制しすぎたり，簡単に妥協してしまうことによりストレスを蓄積することがあり得ることに留意することが大切である。

④ 「NP」は，優しさ，寛容性のあるタイプであり，面倒見のよい性格，親切心を有し，他人への接し方において，思いやりや温かみのある許容的・保護的な態度を示す傾向があるとされる。Aは，Bを新たなマネジャーとして育成するにあたり，Bが，他人への接し方等において，他人に干渉しすぎたり，お節介をやきすぎたりすることがあり得ることに留意することが大切である。

⑤ 「NP」は，論理性，理性，現実志向性のあるタイプであり，理性的な性格，優れた判断力，落ち着き，自信を有し，客観的事実を重視し，自分の感情を適切に制御できるといった傾向があるとされる。Aは，Bを新たなマネジャーとして育成するにあたり，Bが他人との接し方等において，打算的で，冷たいという印象を与えることがあり得ることに留意することが大切である。

第３問（３点）　過去問題

Ａ社では，同社内の会議運営の非効率性が問題として提起され，次のような事項が「会議運営に関する問題点」として挙げられた。

<会議運営に関する問題点>

ａ．会議の開始直後などにおいて，誰も発言をしない時間が長く非効率であると感じることがある。
ｂ．発言する者が限られており，会議中に一度も発言をしない参加者がいる。
ｃ．会議の目的が不明確であり，同じ議論が何度も蒸し返されていつ会議が終わるかわからない。
ｄ．最終的には役職上位者の意見が採用されることが多く，会議に参加したメンバーの議論をする意欲が低下しがちである。
（以下略）

Ａ社の総務課では，「会議運営に関する問題点」を解決し会議の生産性を高めるための手法について検討がなされた。次のア～エの記述は，当該検討において上記ａ～ｄの問題点に関してなされた発言の一部である。これらの発言のうち，その内容が適切なものを○，適切でないものを×とした場合の組み合わせを①～⑧の中から１つだけ選びなさい。

ア．「問題点ａのような問題が生じる背景の１つとして，一般に，日常的に交流する機会のないメンバーが集まる会議の開始直後などにおいて，会議に参加したメンバーが相互に他のメンバーの様子を窺って発言に消極的になるといった心理があると思われます。このような場合に，会議を円滑に進めるための手法として『アイスブレイク』を挙げることができます。アイスブレイクは，コミュニケーションを図りやすい雰囲気をつくり積極的な意見・発言ができるようにするために，メンバーの緊張をほぐし気持ちを和らげる手法です。」

イ．「問題点ｂに関し，会議に参加しているのに発言に消極的なメンバーの存在は，会議の活発な進行の弊害となります。したがって，積極的に発言しようとしない参加者については，たとえその表情や雰囲気から議論の流れに不満であったり，何か発言したそうな様子であっても，会議に参加する意欲がない者として会議から退席させるようにします。こうすることで，参加意欲の高い参加者のみにより効率的かつ活発な会議運営が図られます。」

ウ．「問題点ｃへの対応策として，会議の目的を明確に示すことが重要です。あわせて，会議で求められる成果を定め，それを会議に参加するメンバーに周知することが必要です。また，会議の効率性の観点から，会議は開始時刻と終了時刻を厳守することを原則とすることが重要です。」

エ.「問題点ｄへの対応策としては，例えば，ファシリテーター，すなわち会議の中立的な進行・推進役が，その役割に従って議事を進めていくことが挙げられます。ファシリテーターは，発言者すなわち『「誰」が述べたか』よりも，発言の内容すなわち『「何」について述べられたか』を重視し，職位の上下にかかわらず，建設的な意見を採用する必要があります。」

① ア○ イ○ ウ○ エ○
② ア○ イ× ウ○ エ○
③ ア○ イ× ウ× エ○
④ ア○ イ× ウ× エ×
⑤ ア× イ○ ウ○ エ○
⑥ ア× イ○ ウ× エ×
⑦ ア× イ× ウ○ エ○
⑧ ア× イ× ウ× エ×

第４問（２点）

Ｘがマネジャーを務めるＡ社の営業企画課には，本年度の新規卒業者として入社したＹが配属されている。Ｙは，業務経験が乏しく，まだ業務内容に対する知識が少ない。また，仕事に対するＹの意欲が高いか低いかについても，まだ不明確な状況にある段階である。Ｘは，Ｙを育成するにあたり，SL理論（Situational Leadership Theory，Paul Hersey＆Ken Blanchard）に基づき，Ｙの仕事に対する意欲や責任感，経験などによる成熟度に応じ，有効なリーダーシップを発揮したいと考えている。この場合に，ＸがＹに対してとるべきリーダーシップ・スタイルに関する記述として，その内容が最も適切なものを①～④の中から１つだけ選びなさい。

① 業務に関し，何を，いつ，どのように，どこで行うかについては，Ｘが主導して具体的な指示をする。また，営業企画課におけるＹの役割などは，Ｘが決定するといったリーダーシップ・スタイルをとる。

② Ｙに指示をする際には「一度しか言わないから一言も聞き漏らさないように」と厳しく注意を促し，指示の内容を聞き漏らした場合，Ｙからの質問には答えないといったリーダーシップ・スタイルをとる。

③　Ｙに目標を指示したらそれをどのように達成するかなどはＹに委任し，業務の進捗状況等については，必要な範囲で報告させるにとどめるなど，もっぱら目標設定と成果の確認を行うといったリーダーシップ・スタイルをとる。

④　仕事の方向性等について細かな指示を行うことは避け，Ｙの能力を認めてその意見を聴き，Ｘが業務に関し意思決定をするに際し，その意思決定にＹの意見の内容をすべて反映させるといったリーダーシップ・スタイルをとる。

第５問（２点）

多様な背景を持つ人材が同じ職場で働いているという状況の下，マネジャーが理解しておくべき「ダイバーシティ・マネジメント」（Diversity Management）に関する次の①〜④の記述のうち，その内容が最も適切でないものを１つだけ選びなさい。

①　ダイバーシティの実現にあたり，マネジャーが心掛けるべき事項の１つにLGBTQ（Lesbian，Gay，Bisexual，Transgender，QueerやQuestioning）に対する配慮がある。マネジャーは，LGBTQであることは本人の代えがたい自我であり，本人の意思で選択したり変更したりすることのできる性質のものではないことを認識し，SOGI（性的指向（Sexual Orientation），性自認（Gender Identity））を含む多様性を尊重し，偏見や差別のない職場の構築に取り組むことが大切である。

②　外国人の部下に対するマネジメントを行うにあたって，マネジャーは，同じ職場で同様の業務に従事する日本人よりも外国人の賃金額が低いことに関し，労働基準法上，日本国籍を有しない者に対する賃金は，最低賃金法に定める水準を下回ることが認められていることを丁寧に説明することが大切である。

③　高年齢者等の雇用の安定等に関する法律は，一定の企業に高年齢者雇用確保措置を義務づけている。当該措置の１つに，現に雇用している高年齢者が希望すれば定年後も当該高年齢者を雇用する制度である継続雇用制度があり，マネジャーより年長の者が部下として配置されることもあり得る。マネジャーは，人間は一般に，加齢とともに，身体的な機能，記憶力や認識力等が低下し，特に記憶や認識機能の低下により錯覚や不注意などが生じることがあり得ることを念頭に置き，すべてのチームメンバーの有する経験，知識，能力が遺憾なく発揮されるよう職場環境を整えることが大切である。

④　障害者の雇用の促進等に関する法律は，一定の企業に，所定の人数以上の障害者の雇用を義務づけている。マネジャーは，障害を持つ者も持たない者も含めた

多様な人材によって構成される，すべてのチームメンバーの潜在能力を発揮させ，チームの生産性の向上や企業の成長等に貢献させるよう心掛けることが大切である。

第6問（2点）

「XY理論」（Douglas McGregor）に関する次のア～エの記述のうち，その内容が適切なものを○，適切でないものを×とした場合の組み合わせを①～⑫の中から１つだけ選びなさい。

ア．X理論に基づくマネジメントスタイルでは，マネジャーが，部下の仕事を詳細に規定して統制し，常時，密接に部下を監督しなければならず，部下を動機づけるために懲罰をもって脅したり昇給を約束する必要がある。生理的欲求や安全・安定への欲求といった，欲求段階説（Abraham Maslow）における低次の欲求が満たされている部下ほど，X理論に基づくマネジメントスタイルの下でモチベーションが高まる。

イ．Y理論に基づくマネジメントスタイルでは，部下にとって魅力ある目標と責任を与え続けることによって部下を動機づける手法がとられる。また，マネジャーは，個人の欲求や目標を，チームの目標と関連づけ調和させる必要性から，部下に対しその目標をチームの目標と適合するように変更することを強要する結果，マネジャーと部下との間に，より強力な支配関係がもたらされる。

ウ．Y理論に基づくマネジメントにおいては，マネジャーが部下に成果等を期待することにより，部下はさらに期待に応えようと自発的に努力するという効果であるゴーレム効果が生じる。

エ．欲求段階説における高次の欲求が顕現している者でも，状況によっては低次の欲求にこだわる場面もあり得る。したがって，マネジャーは，部下の成熟度や部下のその時点での課題，また職場や職種の性質上，X理論に基づくマネジメントを必要とする場面にも遭遇し得ることを忘れてはならない。

① ア ○ イ ○ ウ ○ エ ○
② ア ○ イ ○ ウ ○ エ ×
③ ア ○ イ ○ ウ × エ ○
④ ア ○ イ × ウ × エ ×
⑤ ア ○ イ × ウ ○ エ ○
⑥ ア ○ イ × ウ ○ エ ×

⑦ ア × イ ○ ウ × エ ○
⑧ ア × イ ○ ウ × エ ×
⑨ ア × イ ○ ウ ○ エ ○
⑩ ア × イ × ウ ○ エ ×
⑪ ア × イ × ウ × エ ○
⑫ ア × イ × ウ × エ ×

第7問（3点）

X社の経営企画課では，業務が急激に増加し多忙を極め，経営企画課の課長であるA自身も業務に忙殺され，課内の部下とのコミュニケーションがうまく図れていないのではないかと感じている。そこで，Aは，部下との間のコミュニケーションを図る上で留意すべき点を改めて整理してみることにした。次の①～④の記述は，Aが整理したコミュニケーションを図る上で留意すべき事項の一部である。これらの記述のうち，その内容が最も適切でないものを1つだけ選びなさい。

① 自分の話を相手が黙って聞いてくれるので自分は話上手だと思っていないか。人は，相手の話の内容がわからなくなったり，興味が持てなくなったりすると，沈黙する傾向がある。とくに，立場に違いがある場合，立場の弱い人は，発言者の意見に質問や反論もできず沈黙をするしかないことがある。相手が，自分の話に対して適度に質問をしたり，意見を述べたりすることができているかどうかを見極めることが大切である。

② 発言者から意見を求められたとき，賛否だけを言ったり，「とくに意見はない」と答えたりしていないか。発言者は，自分の話す内容が相手に理解されているか，話の本筋から外れていないか気になるものである。そのとき，質問に対して単に「賛成」「反対」「特になし」とだけ答えるのではなく，適切なコミュニケーションを成立させるためには，具体的に，発言内容を指摘しつつ，補足質問や自分の意見を言うことが大切である。

③ 人と話をするとき，同じ日本語という共通言語で話をしているのだから，相手は自分の説明内容を基本的に理解してくれていると思っていないか。気をつけなければならないことの1つに，経験の違いにより話の理解度は大きく左右されるということがある。共通言語を用いていても，自分が説明しようとしている内容の正確な理解ができているとは限らない。話の途中で適度に問いかけることにより，相手の理解度を判断しながら，具体例を入れたり，わかりやすい言葉を選ん

だりして話を進めるようにすることが望ましい。

④　あらかじめ相手が自分の主張と異なる意見を主張することがわかっている場合に，当該相手に自由に発言させてしまっていないか。コミュニケーションにおいて，相手の意見を最後まで聞くことは，その意見に賛同したことを意味する。したがって，相手の意見が明らかに自分の意見と異なることがあらかじめわかっている場合，相手の意見に賛同したと捉えられないようにするため，相手が話の途中であったとしても，即座に相手の話を遮って自分の意見を主張し，結論を先に述べなければならない。

第8問（3点）

甲社営業部のマネジャーAには，その業務のマネジメントにおいて，その部下である営業部員に対しリーダーシップを発揮する際に，次のような傾向が認められる（以下，「Aのリーダーシップの傾向」という）。

> Aは，甲社全体として達成すべき目標を理解した上で，営業部が果たす役割や達成すべき目標を明確に理解し，これを達成するために綿密な計画を立て，部下に対する緻密な管理，指示・指導を徹底し，営業部の目標を達成することができている。しかし，目標達成に専心するあまり，営業成績の高い一部の部下を重視してその意見を尊重する一方で，他の部下に対しては，その意見を聴き入れず，Aの指示に沿った行動の徹底のみを要求するため，部下の間にAに対する抵抗感や人間関係の対立が生じ，営業部全体のモチベーションが低下している。

Aのリーダーシップの傾向を「PM理論」（三隅二不二）に基づき分析した場合のAのリーダーシップのタイプとして最も適切なものを①～④の中から1つだけ選びなさい。

①　PM型　　②　Pm型　　③　pM型　　④　pm型

第9問（2点）

X社の総務課長Aは，同課係長であるBとの間で，チームメンバーのモチベーションを高める様々な方策を検討した。次の記述は，AがBに対し，「チームメンバーがそれぞれどのような欲求を有しているかを見極め，その欲求に応じた動機付けを行うことを考えています。このような場合に参考になる考え方はありますか」と質問した際のBの回答である。この回答の内容が適切であれば①を，適切でなければ②を選びなさい。

「欲求段階説（Abraham Maslow）を参考とすることが考えられます。欲求段階説は，人間の欲求を『達成欲求』，『親和欲求』，『権力欲求』に区別し，達成欲求が強い人は，何事も自ら行い，その努力により目標を達成するよう行動することを好み，親和欲求が強い人は，人間関係を重視する傾向が強く，権力欲求が強い人は，他人に影響を与えたいという欲求が強く，規律や統制が行き届いた雰囲気を好む傾向が強いとされています。チームメンバーのモチベーションを高めるためには，個々のチームメンバーが，それぞれ『達成欲求』，『親和欲求』，『権力欲求』のうちのいずれを持っているのかを見極め，それに応じた環境や条件を整えることが重要と考えます。」

第10問（3点）

マネジャーが，集団としての自チームをマネジメントするにあたって留意すべき事項についての次のアおよびイの記述のうち，その内容が適切なものを○，適切でないものを×とした場合の組み合わせを①～④の中から1つだけ選びなさい。

ア．マネジャーは，チームをマネジメントするにあたり，集団を結成することにより期待できる心理効果であるリンゲルマン効果を有効に活かすことが重要である。リンゲルマン効果は，メンバーが単独で作業をするよりも集団で作業をする方が1人当たりの作業量は向上し，集団における協同作業においては，集団の人数が増えるほどその構成員1人当たりの作業量は向上するという現象をいい，「協働による相乗効果」や「社会的勤勉」とも呼ばれる。

イ．チームとしての意思決定をするために会議を実施し複数のメンバーで討論をするに際し，メンバーが討論前に有していた判断，感情または行動傾向が，会議での議論や討論を経ることによって，より危険性の高い方向に傾いていったり，逆に慎重な方向に傾いていくことがある。このような現象は，心理学において「集団極性化」と呼ばれる。

① ア ○ イ ○
② ア ○ イ ×
③ ア × イ ○
④ ア × イ ×

第11問（2点） 過去問題

人事考課（一般に，1年や半年・四半期ごとに，マネジャーが，部下の業務遂行能力や仕事の成果，意欲，勤務態度などを日常の就業状況を通じて観察し，分析・判定を行うこと）は，マネジャーにとって，重要な職務の1つである。適切かつ公正な人事考課により部下のモチベーションが高まり生産性が向上し得る。他方，人事考課が適切に機能せず，納得感のある評価がなされないと，部下のモチベーションやモラールの低下を招き，チームの生産性の低下を招き得る。マネジャーは，自身の人事考課が公正・適切に行われているか，部下が納得感を持ってそれを受け入れているか，配慮する必要がある。人事考課を行うにあたっては，考課者の主観や感情に左右され，無意識に偏りのある評価に陥る「エラー（心理的偏向）」が生じないように留意することが重要である。次の文章は，こうしたエラーの例の1つである。

> ある特定の分野における部下の際立った功績や顕著な特徴があると，それが当該部下の全体的な評価に影響を及ぼすなど，部下の特定の印象にまどわされ，他の評価項目に影響が及ぶ。

上記のエラーの発生の防止に関する次の文章の［　］に当てはまる語句を次の①～⑥の中から1つだけ選びなさい。

> 上記は，エラーのうち，「［　］」に関する文章である。こうしたエラーが生じないための対策として，考課者は，先入観や特別な感情，印象を取り除き，部下の具体的な業務行動に基づく事実と結果により評価を行うことが考えられる。

① 対比誤差

② 寛大化傾向
③ ハロー効果
④ 論理誤差
⑤ 中心化傾向
⑥ 期末誤差

第12問（3点）

A社の総務課長Xは，新規に総務部に配属された，業務経験の少ない部下を育成するにあたり，OJT（On the Job Training）とOFF-JT（OFF the Job Training）の手法の特徴を生かし，これらを効果的に組み合わせて部下の育成をすることを検討した。次のア～オの事項は，当該検討の中で，Xが列挙したOJTとOFF-JTの特徴の一部である。これらの事項を，OJTに関する事項とOFF-JTに関する事項に分類した場合の組み合わせを①～⑦の中から１つだけ選びなさい。

ア．通常業務とは直接かかわりのない知識やスキルを，理論を踏まえ体系的に効率的に学習できる。
イ．実際の仕事そのものが教材となるので，実務に直結しており，その成果は実践的なものとなることが期待できる。
ウ．仕事を通して必要な知識・技能などを指導し育成する手法であるため，仕事のプロセスと一体化した指導を実施することができる。
エ．実際に担当している業務について具体的に指導するためには，部下に教示できるよう当該業務を十分に理解しておく必要があるため，指導者は，当該業務を再確認等することにより，当該業務に対する理解度が向上する。
オ．業務に関する指導をするために，あらかじめ設定した時間に，特定の施設に多数の部下を集合させて指導をすることができるため，多数の部下に同時に同内容の知識や技能を習得させることができる。

	OJTに関する事項	OFF-JTに関する事項
①	ア，イ	ウ，エ，オ
②	ア，ウ，オ	イ，エ
③	ア，エ，オ	イ，ウ
④	イ，ウ	ア，エ，オ
⑤	イ，ウ，エ	ア，オ
⑥	ウ，エ，オ	ア，イ

⑦	ウ，オ	ア，イ，エ

第13問（2点）

企業における組織構造の種類の1つであり，次のア～エの特徴をすべて有するものを，①～④の中から1つだけ選びなさい。

ア．一般に，特定の目的を達成するために，本来は異なる分野に属する者によって一時的に組織され，その目的を達成すると解散することとなる。
イ．市場動向の劇的な変化に対応することが可能である。
ウ．所属するメンバーは，仕事の全体像と自分の責任を把握しやすいため，それぞれ責任感を持って仕事を進めることが期待できる。
エ．新しい方法やアイデアを受け入れ，事態の変化にも柔軟に適応することが可能である。

① 機能別組織
② プロジェクトチーム型組織
③ 事業部制組織
④ ライン型組織

第14問（2点）

企業が設定した目標を達成するために，自己が率いるチームを有効に機能させることは，マネジャーの重要な任務の1つである。マネジャーは，バーナード（Chester Barnard）の組織論を参考にし，自己が率いるチームについて，公式組織（2人以上の人々の意識的に調整された活動や諸力の一体系）が成立するための要素を充たしているかを検証することにより，自己が率いるチームを，単なる人間の集団としてではなく，企業の目標を達成するための集団として有効に機能させるのに役立てることができる。次のア～オのうち，バーナードの組織論において，公式組織が成立するための要素とされているものの個数を①～⑥の中から1つだけ選びなさい。

ア．経済的価値

イ．コミュニケーション
ウ．イノベーション
エ．集団規範
オ．自律性

① 0個　② 1個　③ 2個　④ 3個　⑤ 4個　⑥ 5個

第15問（2点）　過去問題

「リソース・ベースト・ビュー（Resource-Based View）」（Jay Barney）は，企業が自社の経営資源の持つ強みの質や競争優位性を明確にすることで，競争優位性の維持や強化，市場シェアの拡大，顧客満足度の向上などを図るために用いられる経営戦略論であり，そのフレームワークとしてVRIO分析がある。マネジャーは，自社の課題や特徴を把握して，経営戦略の立案，自社の強みや弱みおよび他社に対する優位性の発見などにVRIO分析を活用することができる。VRIO分析に関する次の①～④の記述のうち，その内容が最も適切でないものを1つだけ選びなさい。

① VRIO分析における「V」は，Value（経済的価値）を表す。ここでは，経営資源に経済的価値があるか，すなわち，その経営資源を活用することにより外部環境における機会を適切に捉えることができるか，あるいは外部環境における脅威を無力化することができるか，といった観点で評価を行う。

② VRIO分析における「R」は，Rarity（希少性）を表し，経営資源がどの程度希少であるかを評価する。経営資源が希少であれば，その経営資源は，厳しい市場経済においてその経営資源を持つ企業の競争優位の源泉となり得る。したがって，経営資源の希少性は，企業が市場における競争優位を獲得するための重要な評価指標である。

③ VRIO分析における「I」は，innovative（革新性）を表し，経営資源が競合他社の追随を許さない革新的な技術や製品を生み出す力を有しているかを評価する。革新的な技術や製品を生み出す力を持つ経営資源を保有することができれば，業界における競争優位性を永続的に維持することが可能となる。

④ VRIO分析における「O」は，Organization（組織）を表し，VRIO分析の調整項目として機能する。例えば，企業は，「V」，「R」，「I」を有する経営資源を保有していても，その企業がその経営資源を最大限に活用できるように組織されていなければ，その経営資源が有する競争優位の可能性を十分に発揮させること

が困難となり得る。

第16問（2点）

競争地位戦略（Philip Kotler）は，業界内における地位に応じて，そのとるべき戦略目標を提示するものである。競争地位戦略における「フォロワー」の戦略に関する説明として最も適切なものを次の①～④の中から1つだけ選びなさい。

① 市場シェアにおいて自社よりも上位の企業がまねのできない差別化された製品・サービスを開発して市場に投入し，市場シェア拡大を目指す。
② 限定的な市場を対象として，独自の技術やブランドという強みを最大限生かしながら，特化した市場において確固たるシェアの獲得を目指す。
③ 多大な投資を要する独自製品の開発をすることなく，市場シェアにおいて自社よりも上位の企業が供給する製品・サービスと同様の製品・サービスを効率的に生産して市場に投入することで利益の確保を目指す。
④ 同業他社が優れた製品を開発し販売した場合には，すぐに同様の製品を開発し市場に投入して利益を奪われないようにする。

第17問（3点）

SWOT分析は，事業運営に関する要素を，「強み（Strengths）」，「弱み（Weaknesses）」，「機会（Opportunities）」および「脅威（Threats）」に分類してそれぞれの要素を洗い出し，事業の方向性や経営資源を投入すべき事業などの決定に役立てることができるフレームワークである。SWOT分析における検討要因の1つである「強み（Strengths）」に関する説明として最も適切なものを次の①～④の中から1つだけ選びなさい。

① 組織の外部環境である政治状況や法制度・経済情勢・社会環境や一般消費者の動向・技術に関する状況に加え，競合他社や市場の動向などについて，組織の目標に対する外部的に有利な状況をいう。
② その組織の競合他社との関係で自社の経営資源（ヒト・モノ・カネ・情報）の優劣を評価するものであり，他の組織との関係でその組織の有利な特質をいう。
③ 組織の内部環境に関すること（内的要因）であり，他の組織との関係でその組

織の不利な特質をいう。

④ 組織の外部環境である政治状況や法制度・経済情勢・社会環境や一般消費者の動向・技術に関する状況に加え，競合他社や市場の動向などについて，組織の目標に対する外部的に不利な状況をいう。

第18問（3点）

プロダクト・ポートフォリオ・マネジメント（Product Portfolio Management：PPM）は，市場成長率と市場シェアを縦と横の軸として4つの象限に区分し，それらの相対的な位置付けに応じて，事業等を花形（Star），金のなる木（Cash Cow），問題児（Question Mark），負け犬（Dog）に分類して，とるべき戦略を検討する。次の①～④の記述のうち，PPMにおける「金のなる木」の戦略として最も適切なものを1つだけ選びなさい。

① 市場の成長が見込まれているが市場シェアが相対的に低い製品であるため，市場シェアを高める目的で，製造コストを著しく下回る廉価での販売を継続することにより，競合他社の販売活動を困難にして市場から排除する。

② これまでに投資したコストをすべて回収するまでは市場への製品の供給を継続し，コストの回収が完了した後に，市場から撤退する。

③ 優位な市場シェアを獲得しているため，これに該当する製品を製造するための資材の供給業者に対し，自社の競合企業には同種の製品を製造するための資材を供給しないように圧力をかける。

④ ここで得た資金を，成長市場でありながら市場シェアの低い他の製品に投資してこれを育成するか，市場シェアが優位にあり市場の成長も見込まれる製品に投資するための資金源とする。

第19問（2点）　過去問題

イノベーター理論（Everett Rogers）では，イノベーションによって生み出された製品・サービスに対する購買行動の特徴から，消費者を５つのタイプに分類している。イノベーションを普及させるにあたり，これら５つのタイプに分類された消費者のそれぞれの特徴に応じたマーケティングを実践することが有用と考えられる。企業は，自社の開発した新商品が，ライフサイクルのどの時点でいずれのタイプの消費者に受け入れられ易いかを知ること等，様々な局面においてイノベーター理論を活用することができる。イノベーター理論により分類される消費者のタイプの１つである「アーリー・マジョリティ（Early Majority：前期追随者）」に関する次のア～エの記述のうち，その内容が適切なものの組み合わせを①～⑥の中から１つだけ選びなさい。

ア．新製品には興味を持っているが，購入にはやや慎重で，新製品が実用的であるかを重視し，導入事例を確認してから製品を購入する等の特徴がある。

イ．この層が新製品を購入するのは，市場全体を構成する消費者の過半数が購入した後である。

ウ．ジェフリー・ムーア（Geoffrey Moore）は，新製品を市場に普及させるには，この層に受け入れられるためのマーケティングを積極的に行うことが必要である旨を提唱している。

エ．市場全体の13.5%を構成し，他のタイプの消費層に対する影響力を持ち，オピニオン・リーダーシップを有する。

① アイ
② アウ
③ アエ
④ イウ
⑤ イエ
⑥ ウエ

第20問（2点）

ジェフリー・ムーア（Geoffrey Moore）は，革新的な製品の普及プロセスにおいて，「キャズム」を超え，初期市場から主流の市場に普及させるためには，製品の普及段階に応じ，マーケティング方法を変える必要があると提唱している。次の①〜④の記述のうち，「キャズム」に関する文章として最も適切なものを１つだけ選びなさい。

① 「キャズム」は，イノベーターとアーリー・アダプターの間に位置する。
② 「キャズム」は，アーリー・アダプターとアーリー・マジョリティの間に位置する。
③ 「キャズム」は，アーリー・マジョリティとレイト・マジョリティの間に位置する。
④ 「キャズム」は，レイト・マジョリティとラガードの間に位置する。

第21問（3点）　過去問題

Ａ社経営企画部のマネジャーＸは，「成長マトリクス」（Igor Ansoff）に基づき事業領域を下図の①〜④に分類し，そのうち１つの事業領域において，自社の製品である製品αについて次の戦略（以下，「本戦略」という）を立案した。

> 現在，製品αの販売事業を展開している市場において，製品αの競合製品であるＢ社の製品βを購買している顧客に対し，製品βに代えて製品αを購買するよう働きかけるキャンペーンを実施する。

この場合におけるＸは，下図の①〜④のうちのどの事業領域を対象として本戦略を立案したか，成長マトリクスの考え方に照らし，最も適切なものを１つだけ選び，その番号を後記のドロップダウンリストから選択しなさい。

		製品	
		既存製品	新製品
市場	既存市場	①	②
	新市場	③	④

［ドロップダウンリスト］

①

②

③

④

第22問（2点）

家電製品の製造販売業を営むX社の営業企画部のマネジャーAは，市場・顧客の調査を行ったところ，次の結果を得た。

調査結果1.「買い物の際にエコバッグを利用したり，室内の照明をLED照明に替える消費者の割合が増加している」

調査結果2.「移動手段として，自家用車の利用を控え，電車やバスなどの公共交通機関や自転車を利用する人が増加している」

調査結果3.「太陽光発電の電力会社との契約に変更したり，自ら太陽光発電設備を設置する世帯が増加している」

これらの調査結果をもとにAが論理的思考のうちの帰納法を用いて導いた結論として最も適切なものを次の①～④の中から1つだけ選びなさい。

① 生活の様々な分野でIoT（アイ・オー・ティー）が活用されている。

② 環境に配慮した製品・サービスが求められる傾向が高まっている。

③ 当社でもコーポレートガバナンス・コードへの対応が急務である。

④ 当社が他社に先駆けて開発した，従来の製品を上回る省エネ効果がある冷蔵庫の売上予測の上方修正が必要である。

第23問（3点）

X社では，その事業推進のため，政治状況・法制度（Politics），経済情勢（Economics），社会環境や一般消費者の動向（Society）および技術に関する状況（Technology）を分析するためのフレームワークであるPEST分析を用いて，自社のビジネスを取り巻くマクロ要因を分析することとした。次のア～エの記述は，X社において，同社の事業を取り巻くマクロ環境に関する会議でPEST分析における分析対象について検討がなされた際の会議の出席者の発言の一部である。これらの発言のうち，その内容が適切なものを○，適切でないものを×とした場合の組み合わせを①～⑧の中から1つだけ選びなさい。

ア.「政治状況・法制度（Politics）は，当社のビジネスに関連する政治や法規制の状況です。具体的には，政府の政策転換，ビジネスに関連する法律の改正状況，国際政治の状況などです。例えば，企業活動に対する規制法である独占禁止法や不正競争防止法の改正により，従来は規制を受けなかったビジネス手法が規制を受けることがあります。また，海外との取引を行っている企業にとっては，取引先が属する国で紛争が生じたり政治情勢が不安定な状況になったりすることは，重大な外的環境の変化といえます。」

イ.「経済情勢（Economics）は，当社の内部の経済・財政の状況，すなわち，当社の財政状況，保有資産の現状です。事業を展開するにあたり過分なコストはかかっていないか，取引先に対して有する債権は適切に回収できているか，過剰な在庫や不要な資産を抱えていないか等，ビジネスに影響する自社の経済・財政の状況に注意を払う必要があります。」

ウ.「社会環境や一般消費者の動向（Society）は，社会環境の変化や消費者のトレンドなどです。具体的には，人口構成の変化，一般消費者のものの考え方・ライフスタイルなどを指します。例えば，消費者による環境保全意識の高まりは，社会環境の大きなトレンドとして重要です。これまでは提供されて来なかった環境保全に好影響を及ぼす商品を開発することは，環境保全意識の高まりといったトレンドに合致した戦略といえます。」

エ.「技術に関する状況（Technology）は，新たな技術の出現や従来技術の革新に関する状況です。例えば，インターネットの普及は，新たなビジネスを創出する一方で従来からあるビジネスのシェアを減少させています。技術に関する状況の分析においては，当社のビジネスに直接関係しない技術革新が当社製品の代替製品の普及に寄与し，思わぬ収益減を招くこともあります。」

① ア ○ イ ○ ウ ○ エ ○
② ア ○ イ × ウ ○ エ ○
③ ア ○ イ × ウ ○ エ ×
④ ア ○ イ × ウ × エ ×
⑤ ア × イ ○ ウ ○ エ ○
⑥ ア × イ ○ ウ × エ ×
⑦ ア × イ × ウ ○ エ ×
⑧ ア × イ × ウ × エ ×

第24問

次の24－1および24－2の各設問に答えなさい。

24－1（2点）

製品製造販売業を営むA社の営業推進課の課長Xは，同社経営陣への資料提供のため，部下であるYにA社の財務状況を示す資料をとりまとめるよう指示した。Yは，その指示に基づき，A社における前期の業績（実績）および当期の業績予想に基づく数値を掲載した財務諸表（損益計算書および貸借対照表）の項目の一部を比較した資料（以下，「本件資料」という）を作成した。その内容は次の通りである。

損益計算書

（単位：百万円）

項目	前期（実績）	当期（業績予想）
売上高	400	500
売上総利益	110	125
営業利益	16	18
経常利益	24	14
税引前当期純利益	50	60
当期純利益	30	40

貸借対照表

（単位：百万円）

項目	前期（実績）	当期（業績予想）
流動資産合計	200	300
固定資産合計	200	150
資産合計	400	450
流動負債合計	120	150
固定負債合計	100	100
負債合計	220	250
純資産合計	180	200

次のア～エの記述は，「本件資料」に関して，XとYとの間でなされた会話の一部である。この会話におけるYの発言のうち，その内容が適切なものを○，適切でないものを×とした場合の組み合わせを①～⑧の中から1つだけ選びなさい。

ア．X「前期と比較して当期は，売上総利益が増加すると予想されていますね。売上総利益について，簡単に説明してください。」

Y「売上総利益は，損益計算書において，売上高から売上原価を差し引いて求められます。期末に存在する製品在庫については，損益計算書に売上高として計上するとともに，その製造に要した費用は売上原価として費用化しなければなりません。」

イ．X「当社の本来の営業活動による収益性は，本件資料に示される項目のうち，どの項目により判断されますか。」

Y「当社の本来の営業活動による収益性は，営業利益により示されます。営業利益は，売上総利益から，販売費及び一般管理費を差し引いて求められます。一般的に，販売費及び一般管理費には，営業活動にかかる費用が含まれますが，営業所の家賃は含まれません。」

ウ．X「本件資料によれば，営業利益は増加すると予想されているのに経常利益は減少すると予想されていますが，その理由として考え得る事項を説明してください。」

Y「経常利益は，日常的な経営活動による儲けを表しており，営業利益から営業外収益や営業外費用を加減して求められます。そして，営業外収益には受取利息や配当金などが，営業外費用には支払利息や手形の割引料などが含まれます。したがって，営業利益が前期よりも増加すると予想されているにもかかわらず，経常利益が前期と比較して減少すると予想されているのは，前期よりも営業外収益が減少している，あるいは，前期よりも当期により多くの営業外費用が計上されている，といった理由によるものと考えられます。」

エ．X「当期中，当社は，○○県に所有していた『○○第二工場』を売却することにより利益が生じました。この利益は，損益計算書にはどのように計上されますか。」

Y「○○第二工場を売却することにより生じた利益は，特別利益に当たり，税引前当期純利益を計算する際に経常利益に加算されます。特別利益には，このほかに投資有価証券売却益なども含まれます。」

① ア ○ イ ○ ウ ○ エ ○
② ア ○ イ ○ ウ × エ ○
③ ア ○ イ × ウ ○ エ ×
④ ア ○ イ × ウ × エ ×
⑤ ア × イ ○ ウ ○ エ ○
⑥ ア × イ ○ ウ × エ ×

⑦ ア × イ × ウ ○ エ ○
⑧ ア × イ × ウ × エ ×

24－2 （3点）

「本件資料」について，営業推進課のメンバーが分析をした結果，次のａ～ｃの意見が出された。

ａ．「販売している商品がどれだけの付加価値を生み出しているかは，売上高総利益率によって把握することができます。当期に予想される売上高総利益率は，25％で前期より低下しています。売上高総利益率を向上させるには［ア］などが考えられます。」
ｂ．「営業利益を効率よく獲得できるかは，総資本営業利益率を見ることによってわかります。当期に予想される総資本営業利益率は，［イ］で前期と同じです。」
ｃ．「当期に予想される流動比率は，200％で前期より増加しており，これは，一般的には［ウ］と考えることができます。」

これらの意見における空欄ア～ウに当てはまる語句を次の語群から１つずつ選びなさい。

［語群］
① 総資本に占める自己資本の割合が高い
② 4％
③ 流動資産が効率的に売上に結びついている
④ 利益率の高い商品へ重点をシフトする等といった商品構成の見直しや，仕入れや生産に要するコストの削減
⑤ 20％
⑥ 無形固定資産の獲得
⑦ 短期的な支払能力が向上している
⑧ 固定資産を調達するための資金を自己資本と長期の借入金で賄うこと
⑨ 5％

問題③ 問題

第25問（2点）

X社の企画調査課長のAは，マーケティングの重要なプロセスの1つである，市場に存在する多様な顧客ニーズを細分化しグループ化するセグメンテーションを適切に実施するため，企画調査課において検討会を実施した。当該検討会においては，市場をいくつかのセグメントに分類するに際し，例えば，年齢，性別，既婚か未婚かといった「人口統計的変数」，居住地域，気候，都市規模といった「地理的変数」，価値観，ライフスタイル，嗜好といった「心理的変数」，製品・サービスの購買契機，使用頻度といった「行動的変数」など，消費者のニーズを識別する要素（以下，「セグメンテーション変数」という）について議論された。次のア～ウの記述は，セグメンテーション変数に関し，参加者からなされた発言の一部である。これらの発言のうち，その内容が適切なものを○，適切でないものを×とした場合の組み合わせを①～⑧の中から1つだけ選びなさい。

ア.「セグメンテーション変数のうち，『行動的変数』の用い方の1つの例として，顧客を製品・サービスの使用頻度により分類し，使用頻度が高い顧客と低い顧客との相違点を分析することが考えられます。これにより，使用頻度の低い顧客が認識していない製品・サービスの用途・効用を見出すことができれば，そうした用途・効用を使用頻度の低い顧客に示すことによって，その使用頻度を向上させることができる可能性があります。」

イ.「セグメンテーションには，自社製品にニーズを感じやすく，購入してもらいやすい顧客を発見するという目的があります。したがって，市場を分類するにあたっては，特定のニーズを有する人々のグループを発見し得るセグメンテーション変数を十分考慮することが重要です。」

ウ.「『人口統計的変数』，『地理的変数』，『心理的変数』および『行動的変数』のうち，官公庁による統計に基づき最も容易にデータを取得することができるセグメンテーション変数は，『心理的変数』です。」

① ア ○ イ ○ ウ ○
② ア ○ イ ○ ウ ×
③ ア ○ イ × ウ ○
④ ア ○ イ × ウ ×
⑤ ア × イ ○ ウ ○
⑥ ア × イ ○ ウ ×
⑦ ア × イ × ウ ○

⑧ ア × イ × ウ ×

第26問 (3点)

次のア～エの記述は，マネジャーAが，自己のチーム内で，ビジネスに影響を及ぼす環境要因を分析するためのフレームワークについて検討した際に，テーマが3C分析に及んだときの発言の一部である。これらの発言のうち，その内容が適切なものを○，適切でないものを×とした場合の組み合わせを①～⑧の中から1つだけ選びなさい。

ア.「3C分析は，自社を取り巻く環境について3つのCの視点を総合的に分析することによって，自社の現状と課題，進むべき方向性などを分析しようとするものです。また，他の市場に参入しようとする場合や，逆に，従来行ってきた事業や提供している製品・サービスを廃止・撤廃するか否かを検討する際にも用いることができます。」

イ.「3C分析における，市場・顧客（Customer）の分析では，自社が供給する製品やサービスに対する顧客のニーズやその変化等を分析します。その際，潜在顧客についても考慮します。あわせて市場規模，市場の成長可能性なども分析します。具体的には，自社の製品やサービスは，現在いかなる顧客によって受け入れられているかを確認し，市場が成長しつつあるのか衰退しつつあるのか，そのトレンドを見て自社にとっての課題をあぶり出し，将来的にターゲットにすべき潜在顧客などについて分析します。」

ウ.「3C分析における，競合（Competitor）の分析では，競合他社を分析します。競合他社の数，競合他社が提供する製品・サービスの特徴，競合他社の市場シェアや売上高，顧客数など，競合他社が市場・顧客にどのように対応しているかを把握し，自社のビジネスにとっての脅威度などを分析します。競合の分析においては，現状として自社が供給している製品・サービスと直接競合している企業だけでなく，例えば自社製品・サービスと類似する製品・サービスを供給する企業も潜在的な競合として分析の対象とします。」

エ.「3C分析における自社（Company）の分析では，自社製品・サービスの売上高，利益率，顧客数，原価率などの経営指標のほか，自社の経営資源，ブランドイメージ，技術力などを分析し，競合との関係における自社の強みと弱みを分析します。自社の強みや弱みは結果的に業績として現れることが多いことから，事業や製品ごとに売上高の変化や市場シェアの移り変わり，粗利益率（売上高総利益率）などを確認します。」

① ア ○ イ ○ ウ ○ エ ○
② ア ○ イ ○ ウ × エ ○
③ ア ○ イ × ウ ○ エ ×
④ ア ○ イ × ウ × エ ×
⑤ ア × イ ○ ウ ○ エ ○
⑥ ア × イ ○ ウ × エ ×
⑦ ア × イ × ウ ○ エ ×
⑧ ア × イ × ウ × エ ×

第27問（3点）

リスクマネジメントに関連する概念についての次の文章中の空欄に当てはまる最も適切な語句を①～④の中から１つだけ選びなさい。なお，文章中の空欄には，同じ語句が入るものとする。

リスクマネジメントは，組織活動を継続的・安定的に行う上で不可欠の要素である。そして，組織の安定的活動の根幹となる基礎の１つに［　　］がある。［　　］は，「法令等の遵守」ともいわれるが，法令等のみを遵守すればよいわけではなく，その背景にある法令等の趣旨や精神に沿った活動が求められていることを意味する。組織は，法令等の違反を避ける努力を徹底しなければ継続的・安定的な活動は望めない。その意味で，［　　］を推進することは，リスクマネジメントを確立する上で重要な課題となる。

① 事業継続マネジメント（BCM）
② コンプライアンス
③ 経営判断の原則
④ 事業継続計画（BCP）

第28問（3点） 過去問題

職場のパワー・ハラスメント（以下，「パワハラ」という）は，被害を受けた者の尊厳や人格を侵害し，職場環境を悪化させる行為であり，これを放置すれば，労働者は，仕事への意欲や自信を失い，場合によっては心身の健康や生命すら危険にさらされることもある。また，企業経営上の観点からも，労働者の意欲・生産性の低下や企業イメージの悪化等といった大きな損失につながる。マネジャーは，自らの言動がパワハラに該当しないよう十分に注意するだけでなく，チーム内でパワハラが発生していないか，その予兆がないか，日頃から注意しておくことが重要である。厚生労働省「事業主が職場における優越的な関係を背景とした言動に起因する問題に関して雇用管理上講ずべき措置等についての指針」（以下，「パワハラ指針」という）に関する次のアおよびイの記述について，その内容が適切なものには①を，適切でないものには②を選びなさい。

ア．パワハラ指針では，職場におけるパワハラの代表的な言動の類型である「身体的な攻撃（暴行・傷害）」に該当すると考えられる例として，「殴打，足蹴りを行うこと」，「相手に物を投げつけること」および「誤ってぶつかること」を挙げている。

① ○
② ×

イ．パワハラ指針において，「労働者の就業環境が害される」言動とは，当該言動により労働者が身体的または精神的に苦痛を与えられ，労働者の就業環境が不快なものとなったため，能力の発揮に重大な悪影響が生じる等当該労働者が就業する上で看過できない程度の支障が生じることを指し，この判断にあたっては，「平均的な労働者の感じ方」，すなわち，同様の状況で当該言動を受けた場合に，社会一般の労働者が，就業する上で看過できない程度の支障が生じたと感じるような言動であるかどうかを基準とすることが適当であるとされる。

① ○
② ×

第29問（2点）

X社の運営する店舗Yでは，同社の新製品の発売に合わせてアルバイトを大幅に増員することとなった。そこで，店舗Yの店長であるAは，アルバイトと労働契約を締結するに際し，労働基準法上当該アルバイトに交付する必要がある書面（以下，「本件書面」という）を手配した。次の①～⑤の記述のうち，労働基準法上，本件書面に記載しなければならない事項として最も適切でないものを1つだけ選びなさい。

① 労働契約の期間に関する事項
② 就業の場所および従事すべき業務に関する事項（就業の場所および従事すべき業務の変更の範囲を含む）
③ 始業および就業の時刻，所定労働時間を超える労働の有無，休憩時間，休日，休暇等に関する事項
④ 契約期間満了前に退職した場合に労働者が会社に支払う違約金の額
⑤ 退職に関する事項（解雇の事由を含む）

第30問（2点） 過去問題

マネジャーは，部下のメンタルヘルス不調を防止する観点から，部下自身のストレスへの気づきを促し，ストレスの原因となる職場環境の改善を図ることが求められる。そのため，マネジャーは，労働安全衛生法66条の10第1項の規定による「心理的な負担の程度を把握するための検査」（以下，「ストレスチェック」という）に関する知識を有しておくことが重要である。労働安全衛生規則では，ストレスチェックの実施にあたり，「ストレスチェックを受ける労働者について解雇，昇進又は異動に関して直接の権限を持つ監督的地位にある者は，検査の実施の事務に従事してはならない」とされており，マネジャーは，この規定に則る必要がある。次のア～エの記述のうち，厚生労働省「労働安全衛生法に基づくストレスチェック制度実施マニュアル」の記載内容に照らし，人事に関して直接の権限を持つ監督的地位にある者がストレスチェックの実施にあたり従事して差し支えないものの組み合わせを①～⑥の中から1つだけ選びなさい。

ア．ストレスチェック結果の労働者への通知の事務（ストレスチェック結果を把握できない状態になっているものの配布等の事務を含む）

イ．労働者が記入した調査票の回収（労働者が記入した調査票の内容を把握できる状態になっているもの），内容の確認，データ入力，評価点数の算出等のストレスチェック結果を出力するまでの労働者の健康情報を取り扱う事務
ウ．ストレスチェックの調査票の配布
エ．事業場におけるストレスチェックの実施計画の策定

① アイ　② アウ　③ アエ　④ イウ　⑤ イエ　⑥ ウエ

第31問（2点）

マネジャーが業務を推進する過程で考慮しなければならない課題として，「ワーク・ライフ・バランス」がある。高齢化，人口減少といった時代背景の中で，非正規雇用者など不安定な雇用または経済的基盤の確保が難しい雇用の増加や，正規雇用者にみられる長時間労働など，働き方をめぐる様々な問題が生じており，従来の働き方のままでは，個人だけでなく，社会全体や個々の企業・組織が持続可能なものではなくなるおそれがある。そこで，内閣府では，「仕事と生活の調和（ワーク・ライフ・バランス）憲章」（以下，「憲章」という）を策定している。憲章は，「仕事と生活の調和が実現した社会の姿」として目指すべき社会を挙げており，企業とそこで働く者は，協調して生産性の向上に努めつつ，職場の意識や職場風土の改革と併せて働き方の改革に自主的に取り組むことが求められる。次の①～⑤の記述のうち，憲章が挙げる「仕事と生活の調和が実現した社会の姿」として目指すべき社会に該当するものをすべて選びなさい。

① 持続可能な生産消費形態を確保できる社会
② 健康で豊かな生活のための時間が確保できる社会
③ 包摂的かつ継続的な経済成長ができる社会
④ 就労による経済的自立が可能な社会
⑤ 多様な働き方・生き方が選択できる社会

第32問（2点）

次のア～エの記述は，X社の総務課において，総務課員AとBとの間でなされた労働者災害補償保険法（以下，「労災保険法」という）に関する会話の一部である。これらの会話におけるBの発言のうち，その内容が適切なものを○，適切でないものを×とした場合の組み合わせを①～⑧の中から1つだけ選びなさい。

ア．A「当社の労働者の被扶養配偶者が風邪で療養を受けた場合，当該療養は，労災保険法に基づく保険給付の対象となるのですか。」

B「労災保険法上，労働者本人だけでなく，当該労働者の配偶者，子，直系尊属であって，主として当該労働者により生計を維持する者の疾病，負傷も保険給付の対象とされています。したがって，当社の労働者の被扶養配偶者が風邪で療養を受けた場合，労災保険法に基づき，当該被扶養配偶者が受けた療養について，保険給付がなされます。」

イ．A「当社の労働者が，通常の通勤に利用している鉄道会社の電車が豪雨により運行停止になり帰宅が困難となったため，やむを得ず他の鉄道会社の振替輸送により帰宅する際に，その途中で転倒して負傷した場合，当該負傷は，労災保険法に基づく保険給付の対象となるのですか。」

B「労災保険法上，通勤は，就業に関し所定の移動を，合理的な経路および方法により行うことをいいます。この合理的な経路および方法とは，一般に労働者が用いるものと認められる経路および方法をいいます。当日の交通事情により迂回してとる経路も合理的な経路であり，通常の通勤に利用している鉄道会社の電車が豪雨により運行停止になり帰宅が困難となったため，やむを得ず他の鉄道会社の振替輸送の交通機関を利用して帰宅することは，合理的な経路および方法と認められます。したがって，労働者が当該振替輸送の交通機関を利用して帰宅する途中で転倒して負傷した場合，当該負傷は，労災保険法に基づき，通勤災害に関する保険給付の対象となります。」

ウ．A「当社の労働者が業務による心理的負荷により精神障害を発病した場合，当該精神障害は，労災保険法に基づく保険給付の対象となるのですか。」

B「労災保険法上，業務上の事由による労働者の疾病等に対して必要な保険給付を行うこととされており，ここにいう疾病は，身体上に生じるものに限らず，精神上の疾病も対象となります。したがって，例えば，当社の労働者が統合失調症を発病し，それが業務上の事由によって発病したものと認められるときは，当該統合失調症は，労災保険法に基づく保険給付の対象となり得ます。」

エ．A「当社の労働者で，自己の所有する自動車を通常の通勤に利用している者が，通勤に際し当該自動車を運転中に後続車に追突され当該自動車が損傷した場合，この損傷は，労災保険法に基づく保険給付の対象となるのですか。」

B「当社の労働者で，自己の所有する自動車を通常の通勤に利用している者が，通勤に際し当該自動車を運転中に後続車に追突され当該自動車が損傷した場合，この損傷は，労災保険法に基づく保険給付の対象となります。したがって，当該労働者は，労災保険法に基づき，損傷した当該自動車の修理に要する費用相当額を，通勤災害に関する保険給付として受けることができます。」

① ア ○ イ ○ ウ ○ エ ○
② ア ○ イ ○ ウ × エ ○
③ ア ○ イ × ウ ○ エ ×
④ ア ○ イ × ウ × エ ×
⑤ ア × イ ○ ウ ○ エ ○
⑥ ア × イ ○ ウ ○ エ ×
⑦ ア × イ × ウ ○ エ ×
⑧ ア × イ × ウ × エ ×

第33問（3点） 過去問題

業務の実施過程における業務実施者の誤認識や誤動作といったヒューマンエラーは，重大な事故につながるおそれがあり，マネジャーは，自チームの業務の実施過程におけるヒューマンエラーの発生を防止するための対策を講じる必要がある。ヒューマンエラーの発生を防止するための対策を講じる前提として，ヒューマンエラーが発生する原因を認識しておくことが重要である。次の①～④の記述のうち，ヒューマンエラーの発生原因および当該原因によるヒューマンエラー発生の防止策として最も適切でないものを１つだけ選びなさい。

① 原因：１人の作業担当者による複数の作業の同時並行での実施

防止策：１人の作業担当者が複数の作業を同時並行で実施するのではなく，作業の優先順位をつけ，可能な限り１つの作業が終わってから他の作業に取り掛かるようにし，やむを得ず同時に進行する作業が発生した場合は，書類や部材の配列を明確に区別し，他の作業との混同が起きないように作業環境を整える。

② 原因：ヒューマンエラーを起こす可能性のある者の存在

防止策：わずかでもヒューマンエラーを起こす可能性のある者をチームから排除し，絶対にヒューマンエラーを起こさない者だけでチームを構成する。

③ 原因：過重労働による疲労

防止策：過重労働による疲労に基づく作業ミスや点検漏れに起因するヒューマンエラーを防止するため，適度な休憩や体操などによってインターバルをとらせる。

④ 原因：共同作業における他人への依存

防止策：共同作業を行うメンバー間において，相互に他の共同作業者への依存に基づく手抜きによるヒューマンエラーを防止するために，明確な役割分担表を作成し，相互に実施したか否かの点検を励行する。

第34問（2点）

企業が取引先等との間の契約において使用する契約条項の中に，契約当事者が暴力団員等の反社会的勢力ではないことを誓約する旨の条項（以下，「反社条項」という）が盛り込まれることがある。反社会的勢力との関係を一切遮断するために反社条項を設ける場合に留意すべき事項に関する次のア～エの記述のうち，その内容が適切なものを○，適切でないものを×とした場合の組み合わせを①～⑫の中から1つだけ選びなさい。

ア．反社条項においては，排除の対象が無用に拡大することを避けるため，「自らが暴力団員ではないことを確約する」というように，契約の相手方自身が暴力団員でないことを確約させる旨の定めを設ければ十分であるとされる。

イ．人の性格や言動は一人ひとり異なり，温和な人も言動が粗暴な人も存在する。反社条項において，例えば，契約当事者が「『相手方に対する脅迫的な言動または暴力を用いる行為』や『偽計または威力を用いて相手方の業務を妨害し，または信用を毀損する行為』をしない」等，契約の相手方の言動を制約する内容を定めることは，反社会的勢力ではなく単に言動が粗暴な人をも排除の対象とすることとなるので，契約の相手方の言動を制約する条項は，反社条項の内容として盛り込むべきではない。

ウ．契約の相手方が反社会的勢力であることが判明した場合に，催告を必要とせずに当該契約を解除できることを定めることは，反社会的勢力である当該契約の相手方の更生の機会を失わせることとなる。したがって，反社条項に基づく契約の解除をするには，必ず，解除に先立って相手方に対しあらかじめ相当の期間を定めた上で，反社条項に違反しない状態に改善するよう催告することを要する旨を定めておくことが必要である。

エ．契約の相手方が反社会的勢力であることが判明し，反社条項に基づき契約を解除した場合，当該契約の相手方から当該解除によって損害を被ったとして損害賠償請求を受けることがあり得る。このような事態を想定し，反社条項においては，不当な要求を明確に拒絶するため，契約が反社条項違反を理由に解除された場合には，解除された当事者は，解除した当事者に対し，解除により生じる損害について，一切の賠償請求をすることができない旨を定める等，契約の解除により生じる損害等に対する免責について規定しておくべきである。

① ア ○ イ ○ ウ ○ エ ○
② ア ○ イ ○ ウ ○ エ ×
③ ア ○ イ ○ ウ × エ ○
④ ア ○ イ × ウ × エ ×
⑤ ア ○ イ × ウ ○ エ ○
⑥ ア ○ イ × ウ ○ エ ×
⑦ ア × イ ○ ウ × エ ○
⑧ ア × イ ○ ウ × エ ×
⑨ ア × イ ○ ウ ○ エ ○
⑩ ア × イ × ウ ○ エ ×
⑪ ア × イ × ウ × エ ○
⑫ ア × イ × ウ × エ ×

第35問（2点）

男女雇用機会均等法上，事業主は，職場におけるセクシュアル・ハラスメント（職場において行われる性的な言動に対する労働者の対応により当該労働者がその労働条件につき不利益を受け，または当該性的な言動により当該労働者の就業環境が害されること）のないよう雇用管理上必要な措置を講ずべき義務を負う。厚生労働省告示「事業主が職場における性的な言動に起因する問題に関して雇用管理上講ずべき措置についての指針」（以下，「セクシュアル・ハラスメント指針」という）では，職場におけるセクシュアル・ハラスメントの典型的な例を挙げている。次の①～⑥の記述のうち，セクシュアル・ハラスメント指針に照らし，セクシュアル・ハラスメントの例に該当しないものを１つだけ選びなさい。

① 同僚が取引先において労働者に係る性的な内容の情報を意図的かつ継続的に流布したため，当該労働者が苦痛に感じて仕事が手につかないこと。

② 出張中の車中において上司が労働者の腰，胸等に触ったが，抵抗されたため，当該労働者について不利益な配置転換をすること。

③ 営業所内において事業主が日頃から労働者に係る性的な事柄について公然と発言していたが，抗議されたため，当該労働者を降格すること。

④ 管理職に就いている女性従業員の割合が男性従業員と比較して極端に低いため，事業主が，この格差を解消する目的で女性従業員のみを対象に管理職候補者育成のための教育訓練を実施すること。

⑤ 事務所内において上司が労働者の腰，胸等に度々触ったため，当該労働者が苦痛に感じてその就業意欲が低下していること。

⑥ 事務所内において事業主が労働者に対して性的な関係を要求したが，拒否されたため，当該労働者を解雇すること。

第36問（3点）

独占禁止法は，企業間における公正かつ自由な競争を促進等するために企業活動を規制する法律である。独占禁止法に関する次のアおよびイについての①～④の記述のうち，その内容が最も適切なものを１つだけ選びなさい。

ア．X社は，α市場において，競争地位戦略（Philip Kotler）上のチャレンジャーに当たる企業である。X社は，α市場におけるシェアの拡大を目的として，製造原価を大幅に下回る価格で自社製品の販売を継続した結果，競合他社の販売活動を困難にし，シェアの拡大を達成した。このX社の行為は，公正な競争を阻害するおそれがある場合であっても，独占禁止法に違反することはない。

イ．Y社とZ社は，甲県における公共事業の指名競争入札にあたり，事前の両社間の協議によって，Y社がある価格をもって落札することを取り決め，この協定に従ったことにより，公共の利益に反して，甲県の公共事業の指名入札における競争を実質的に制限した。この場合，Y社とZ社の当該行為は，不当な取引制限に該当し独占禁止法に違反する。

① アおよびイのいずれも適切である。
② アのみが適切である。
③ イのみが適切である。
④ アおよびイのいずれも適切でない。

第37問（3点）

製造物は，一般に，製造業者等から小売店等を経て消費者等に販売される。製造物責任法は，製造物の欠陥により当該製造物を使用した消費者等が損害を被った場合，製造業者等が損害賠償責任を負うことを趣旨とする法律である。製造物責任法に関する次のアおよびイについての①〜④の記述のうち，その内容が最も適切なものを１つだけ選びなさい。

ア．製造物責任法上の製造物には，工業製品だけでなく，不動産も含まれる。
イ．製造物責任法上，製造物の欠陥による損害が当該製造物についてのみ生じた場合には，当該製造物の製造業者等は，製造物責任法に基づく損害賠償責任を負わない。

① アおよびイのいずれも適切である。
② アのみが適切である。
③ イのみが適切である。
④ アおよびイのいずれも適切でない。

第38問（2点）

日本のGDP（Gross Domestic Product：国内総生産）に関する次のアおよびイの記述についての①～④の記述のうち，その内容が最も適切なものを１つだけ選びなさい。

ア．日本企業であるＡ社が，海外のα国において行った経済活動により収益を得た。この場合における当該収益の額。

イ．日本国内において，日本の企業である機械部品製造業者Ｂ社が，機械部品の製造のために金属材料販売業者Ｃ社から仕入れた金属材料βを加工して製造した部品γを日本の企業である機械製造業者Ｄ社に納入した。この場合における，Ｄ社がＢ社に支払った部品γの代金の額から金属材料βの仕入代金の額を差し引いた額。

① アおよびイのいずれも日本のGDPに算入される額である。
② アのみが日本のGDPに算入される額である。
③ イのみが日本のGDPに算入される額である。
④ アおよびイのいずれも日本のGDPに算入されない額である。

第39問（2点）

フランチャイズチェーン店舗を展開するコンビニエンスストア等で用いられる経営戦略の１つに，特定の地域内において，複数の同一チェーンの店舗を展開する手法である「ドミナント出店戦略」がある。「ドミナント出店戦略」は，出店した地域における市場シェアを拡大し競争優位に立つこと等を目的とする。次のア～エの記述のうち，「ドミナント出店戦略」の特徴として，適切なものを○，適切でないものを×とした場合の組み合わせを①～⑧の中から１つだけ選びなさい。

ア．店舗で取り扱う商品の配送が効率化され，物流コストの削減を図ることができる。

イ．フランチャイザー（本部）がフランチャイジー（加盟店）に対して行う指導時間の増加を図ることができる。

ウ．店舗同士が顧客を奪い合う，いわゆる「カニバリゼーション」が発生する可能性を根絶することができる。

エ．特定の地域内で，消費者の目に多く触れることにより認知度の向上を図ることができる。

①	ア	○	イ	○	ウ	○	エ	○
②	ア	○	イ	○	ウ	×	エ	○
③	ア	○	イ	×	ウ	○	エ	×
④	ア	○	イ	×	ウ	×	エ	×
⑤	ア	×	イ	○	ウ	○	エ	○
⑥	ア	×	イ	○	ウ	×	エ	×
⑦	ア	×	イ	×	ウ	○	エ	×
⑧	ア	×	イ	×	ウ	×	エ	×

第40問（3点）　過去問題

SDGs（Sustainable Development Goals：持続可能な開発目標）は，貧困，飢餓，教育，不平等，エネルギー，気候変動，ジェンダー，平和など，持続可能で多様性と包摂性のある社会の実現を目的として，2015年9月の国際連合サミットにおいて採択された国際目標であり，2030年をその年限としている。SDGsを達成するためには，政府機関だけでなく，企業の協力が不可欠であり，企業におけるSDGsへの取組みを推進することは，マネジャーとして重視すべき課題である。SDGsでは，世界共通の目標として17項目が挙げられており，各目標には，具体的に達成すべき課題である「ターゲット」が示されている。SDGsの目標の1つに「つくる責任 つかう責任」があり，環境に害を及ぼす物質の管理に関する具体的な政策や国際協定などの措置を通じ，持続可能な消費と生産のパターンを推進することを目指すものである。SDGsの目標「つくる責任 つかう責任」のターゲットに関する次のア～ウの記述のうち，その内容が適切なものを○，適切でないものを×とした場合の組み合わせを①～⑧の中から1つだけ選びなさい。

ア．2030年までに天然資源の持続可能な管理および効率的な利用を達成する。

イ．2030年までに小売・消費レベルにおける世界全体の一人当たりの食料の廃棄を0（ゼロ）にし，収穫後損失などの生産・サプライチェーンにおける食料の損失を根絶する。

ウ．特に大企業や多国籍企業などの企業に対し，持続可能な取組みを義務化し，当該取組みを行わない企業に罰則を科する法制度を整備する。

①	ア○	イ○	ウ○
②	ア○	イ○	ウ×
③	ア○	イ×	ウ○
④	ア○	イ×	ウ×
⑤	ア×	イ○	ウ○
⑥	ア×	イ○	ウ×
⑦	ア×	イ×	ウ○
⑧	ア×	イ×	ウ×

第1問　正解：②

過去問題

［解説］　公式テキスト　第1部第1節

ESGのうちのEは，Environment（環境）のことである。環境問題への取組みは，企業の社会的責任（CSR）の観点からも重要である。企業は，気候変動や水不足，資源枯渇などの環境問題に対して，積極的な対策を講じることが求められている。

第2問　正解：④

［解説］　公式テキスト　第2章第3節

①について，直感力，創造性，表現力のあるタイプであり，感情の自由な表現，健康的で活動的といった傾向があるとされるのは，「FC（Free Child）」である。

②について，リーダー的な性格であり，正義感，責任感のあるタイプとされるのは，「CP（Controlling（Critical）Parent）」である。

③について，素直で従順，忍耐力のあるタイプであり，協調性が高く，受け身的で，行儀よくふるまい，絶えず周囲に気兼ねし，その期待に応えようと努力する傾向があるとされるのは，「AC（Adapted Child）」である。

⑤について，論理性，理性，現実志向性のあるタイプであり，理性的な性格，優れた判断力，落ち着き，自信を有し，客観的事実を重視し，自分の感情を適切に制御できるといった傾向があるとされるのは，「A（Adult）」である。

第3問　正解：②

過去問題

［解説］　公式テキスト　第2章第2節

イについて，会議に参加しているのに発言に消極的であるからといって，発言に消極的なメンバーの存在が，必ずしも会議の活発な進行の弊害となるわけではない。そして，そうしたメンバーを会議に参加する意欲がない者として会議から退席させるべきではない。積極的に発言しようとしないメンバーが，その表情や雰囲気から議論の流れに不満であったり，何か発言したそうな様子である場合，その様子に気付き，発言しやすい状況を工夫して発言等を促すことなどが重要である。

第4問　正解：①

［解説］　公式テキスト　第3章第3節

本問のYは，業務経験が乏しく，まだ業務内容に対する知識が少ない。また，仕事に対するYの意欲が高いか低いかについても，まだ不明確な状況にある段階である。SL理論に照らせば，このような状況にあるYに対し，Xは，業務に関し，何を，いつ，どのように，どこで行うかについては，Xが主導して具体的な指示をし，営業企画課におけるYの役割などは，Xが決定するといったリーダーシップ・スタイルをとることが考えられる。

第5問　正解：②

［解説］　公式テキスト　第3章第5節，第12章第1節

労働基準法上，使用者は，労働者の国籍，信条または社会的身分を理由として，賃金，労働時間その他の労働条件について，差別的取扱いをしてはならない。

第6問　正解：⑪

［解説］　公式テキスト　第3章第4節

アについて，X理論における人間の性質と行動は，マズローの欲求段階説における物質的欲求（生理的欲求や安全・安定を求める欲求といった相対的に低次の欲求）を比較的多く持つ人間をモデルとしているとされ，生理的欲求や安全・安定への欲求が満たされているときは，対象となる部下の欲求と適合せず，モチベーション効果は期待できないと考えられる。

イについて，Y理論に基づくマネジメントスタイルは，個人の欲求や目標をチームの目標と関連づけ調和させる必要性から，マネジャーが部下に対しその目標をチームの目標と適合するように変更することを強要するものではない。

ウについて，部下に期待することにより，部下はさらに期待に応えようと努力するという効果を，一般にピグマリオン効果という。

エは適切である。

第7問　正解：④

［解説］　公式テキスト　第2章第1節

④について，相手の発言を途中で遮って自分の意見を一方的に述べることは，発言者に不快の念を生じさせ，相手とのコミュニケーションが失敗するおそれが大きい。

第8問　正解：②

［解説］　公式テキスト　第3章第3節

PM理論では，リーダーシップを，目標設定や計画立案，メンバーへの指示などにより目標を達成する能力であるP機能（Performance function「目標達成機能」）と，集団における人間関係を良好に保ち，チームワークを維持・強化する能力であるM機能（Maintenance function「集団維持機能」）で構成されるものと捉え，これら「P」と「M」の2つの能力要素の強弱によって，リーダーシップのタイプを4類型（PM 型，Pm型，pM型，pm型）に分類する。本問におけるAのリーダー

シップの傾向は，明確に掲げた目標達成に熱心で部下に対する厳しい指導もいとわず成果をあげる能力はある（Pが大きい）が，部下に対する配慮は示さず集団をまとめる力が弱い（Mが小さい）。すなわち，上記４類型のうち，成果はあげるが人望がないPm型に当たると考えられる。

第９問　正解：②

［解説］ 公式テキスト 第３章第４節

欲求段階説（Abraham Maslow）は，人間の欲求を達成欲求，親和欲求および権力欲求に区別する考え方ではない。

第10問　正解：③

［解説］ 公式テキスト 第６章第１節

アについて，リンゲルマン効果は，「社会的手抜き」や「社会的怠惰」とも呼ばれ，メンバーが単独で作業をするよりも集団で作業をする方が１人当たりの作業量が低下する現象を指す。

第11問　正解：③

過去問題

［解説］ 公式テキスト 第５章第５節

人事考課を行うにあたり，考課者の主観や感情に左右され，無意識に偏りのある評価に陥る「エラー（心理的偏向）」のうち，「ある特定の分野における部下の際立った功績や顕著な特徴があると，それが当該部下の全体的な評価に影響を及ぼすなど，部下の特定の印象にまどわされ，他の評価項目に影響が及ぶ」は，「ハロー効果」に関する文章である。

第12問　正解：⑤

［解説］ 公式テキスト 第５章第４節

イ，ウおよびエはOJTに関する特徴であり，アおよびオは，OFF-JTに関する特徴である。

第13問　正解：②

［解説］ 公式テキスト 第６章第３節

ア～エの特徴をすべて有するものは，プロジェクトチーム型組織である。

第14問　正解：②

［解説］ 公式テキスト 第６章第３節

バーナードの組織論において，公式組織が成立するための要素とされているものは，「共通目的」，「協働意欲（貢献意欲）」および「コミュニケーション」である。

第15問　正解：③

過去問題

［解説］　公式テキスト 第7章第3節

③について，VRIO分析における「Ｉ」は，Imitability（模倣困難性）を表し，経営資源が他社によって模倣されやすいか，あるいは模倣されにくいかを分析する要素である。経営資源が競合他社に模倣されにくければ市場での競争優位性を保ちやすいため，経営資源が模倣困難であるほど，市場において競争優位性を維持し続けることができる可能性が高まる。

第16問　正解：③

［解説］　公式テキスト 第7章第4節

①，②，④は，それぞれチャレンジャー，ニッチャー，リーダーの戦略に当てはまると考えられる。

第17問　正解：②

［解説］　公式テキスト 第7章第3節

①は「機会（Opportunities）」，③は「弱み（Weaknesses）」，④は「脅威（Threats）」に関する説明である。

第18問　正解：④

［解説］　公式テキスト 第7章第3節

「花形（Star）」については，「市場占有率と売上を拡大するため，この事業に積極的に投資をしていく」，「問題児（Question Mark）」については，「市場の成長を見込んでこの事業に積極的に投資をするか，市場の成長が鈍化する前にこの事業から撤退するかを検討する」，「負け犬（Dog）」については，「将来性が低いことから，この事業からの撤退を検討する」等といった戦略が，それぞれ考えられる。

第19問　正解：②

過去問題

［解説］　公式テキスト 第10章第2節

イノベーター理論（Everett Rogers）における「アーリー・マジョリティ（Early Majority：前期追随者）」は，新製品を購入するに際し多くの人に利用されているかという実績を重んじ，新製品が市場へ浸透するための媒介層と位置付けられることから，ジェフリー・ムーア（Geoffrey Moore）は，新製品を市場に普及させるには，この層に受け入れられるためのマーケティングを積極的に行うことが必要である旨を提唱している。したがって，アーリー・マジョリティに関する記述として，アおよびウが適切である。

第20問　正解：②

［解説］ 公式テキスト 第10章第2節

ジェフリー・ムーア（Geoffrey Moore）は，アーリー・アダプターとアーリー・マジョリティの間には著しい特徴の違いがあり，アーリー・アダプターを超えてアーリー・マジョリティに普及させる困難さを『溝』になぞらえて『キャズム』と称した。そして，イノベーター，アーリー・アダプターには好意的に受け入れられていた革新的製品を，キャズムを超えてアーリー・マジョリティに受け入れてもらうためには，導入期とは異なるマーケティング戦略が必要となる旨を提唱した。

第21問　正解：①

過去問題

［解説］ 公式テキスト 第7章第4節

本問における「本戦略」中，「現在，製品 α の販売事業を展開している市場において」という言葉から，「既存市場」であることが分かる。また，同戦略中，「製品 α を購買するよう働きかける」という言葉から，「既存製品」であることが分かる。したがって，本問におけるXは，図中の①の事業領域を対象として本戦略を立案したと考えられる。

第22問　正解：②

［解説］ 公式テキスト 第8章第2節

帰納法とは，個別的・具体的な事象から普遍的・抽象的なルールを見出す推論方法である。本問で挙げられた，調査結果１～３の個別的・具体的な事象から見出される普遍的・抽象的なルールとしては，②が最も適切と考えられる。

第23問　正解：②

［解説］ 公式テキスト 第7章第3節

イについて，経済情勢（Economics）は，企業内部の経済・財政の状況ではなく，ビジネスに影響を及ぼし得るマクロ環境における経済の状況を指す。具体的には，景気動向（景気が上向きか下向きか），物価変動（インフレかデフレか），失業率，株価や金利の変動，為替相場の推移といった種々の経済指標などを分析する。

第24問

[解説] 公式テキスト 第9章第1節・第2節

24－1　正解：⑦

ウ・エは適切である。

未だ販売されていない製品在庫およびその製造に要した費用は，売上高および売上原価として計上されない。したがって，アは適切ではない。

また，営業所の家賃は販売費及び一般管理費に含まれる。営業所の家賃は販売費及び一般管理費に含まれないとするイは適切ではない。

24－2　正解：ア④　イ②　ウ⑦

アには，売上高総利益率を向上させる方法である，④の「利益率の高い商品へ重点をシフトする等といった商品構成の見直しや，仕入れや生産に要するコストの削減」が当てはまる。

イには，当期に予想される総資本営業利益率である，②の「４％」が当てはまる。

ウには，流動比率が前期より増加したことによる効果である，⑦の「短期的な支払能力が向上している」が当てはまる。

第25問　正解：②

[解説] 公式テキスト 第10章第1節

ア・イは適切である。

ウについて，価値観，ライフスタイル，嗜好といった「心理的変数」は，人口分布や都市規模などのように官公庁による統計に基づき容易にデータを取得することができる性質のものではなく，一般に，消費者に対するアンケート調査等によって取得される。

第26問　正解：①

[解説] 公式テキスト 第7章第3節

ア・イ・ウ・エはすべて適切である。

第27問　正解：②

[解説] 公式テキスト 第11章第4節

空欄に当てはまる最も適切な語句は②である。空欄には，「法令等の遵守」といわれるもの，すなわちコンプライアンスが当てはまる。

第28問　正解：ア②　イ①

過去問題

［解説］　公式テキスト　第12章第2節

アについて，厚生労働省「事業主が職場における優越的な関係を背景とした言動に起因する問題に関して雇用管理上講ずべき措置等についての指針」（パワハラ指針）では，職場におけるパワハラの代表的な言動の類型である「身体的な攻撃（暴行・傷害）」に該当すると考えられる例として，「殴打，足蹴りを行うこと」，「相手に物を投げつけること」を挙げる一方，「誤ってぶつかること」は，「身体的な攻撃（暴行・傷害）」に該当しない例として挙げている。

イは適切である。

第29問　正解：④

［解説］　公式テキスト　第12章第1節

労働基準法上，会社が，アルバイトと労働契約を締結する際に，当該アルバイトに交付すべき書面に記載しなければならない事項として最も適切でないものは④である。

契約期間内における退職は労働契約の不履行に該当し得るが，労働契約の不履行について違約金を定め，損害賠償額を予定する契約は労働基準法により禁止されている（同法16条）。したがって，本問における書面に「契約期間満了前に退職した場合に労働者が会社に支払う違約金の額」を記入してはならない。

第30問　正解：⑥

過去問題

［解説］　公式テキスト　第12章第3節

厚生労働省「労働安全衛生法に基づくストレスチェック制度実施マニュアル」では，ストレスチェック結果が労働者の意に反して人事上の不利益な取扱いに利用されることがないようにするため，当該労働者の人事に関して直接の権限を持つ監督的地位にある者は，ストレスチェックの実施の事務に従事してはならないものとされている。ただし，当該実施の事務に含まれない事務であって，労働者の健康情報を取り扱わないものについては，人事に関して直接の権限を持つ監督的地位にある者が従事して差し支えないとされており，そうした事務には，本問におけるウ肢のストレスチェックの調査票の配布，エ肢の事業場におけるストレスチェックの実施計画の策定等の事務が含まれる。

第31問　正解：②，④，⑤

［解説］　公式テキスト　第12章第4節

仕事と生活の調和（ワーク・ライフ・バランス）憲章では，「仕事と生活の調和が実現した社会の姿」として，「就労による経済的自立が可能な社会」，「健康で豊かな生活のための時間が確保できる社会」，「多様な働き方・生き方が選択できる社会」が挙げられている。

第32問　正解：⑥

［解説］　公式テキスト　第12章第5節

アについて，労災保険では，労働者の業務上などの事由による負傷，疾病等を保険給付の対象としているが，労働者の配偶者の疾病，負傷は保険給付の対象とはならない。

エについて，労災保険による保険給付の対象となるのは，業務上などの事由または通勤による労働者の負傷，疾病，障害，死亡等であり，通勤中の事故により自動車が損傷したこと（物損）は保険給付の対象とはならない。

第33問　正解：②

過去問題

［解説］　公式テキスト　第13章第1節

ヒューマンエラーは，人間の認知的・心理的・生理的特性に起因するものであり，絶対にヒューマンエラーを起こす可能性のない人間は存在しないといえる。そのため，わずかでもヒューマンエラーを起こす可能性のある者をチームから排除することは，ヒューマンエラーの防止策として現実的ではない。

第34問　正解：⑪

［解説］　公式テキスト　第13章第4節

アについて，暴力団員に限らず暴力団の支配下にある企業等も反社会的勢力に含まれており，そのような反社会的勢力とは一切関係を持たないようにする必要がある。したがって，単に契約の相手方自身が暴力団員でないことを確約させる旨の定めを設けるだけでは不十分と考えられる。

イについて，契約の相手方の属性だけでなく，当該相手方の行為を規制する条項（例えば「脅迫的な言動または暴力を用いる行為」や「偽計または威力を用いて業務を妨害し，または信用を毀損する行為」等）も，反社条項に加えておくことは重要である。これにより，相手方が反社会的勢力であると認定し難い場合でも，相手方の不当要求行為等に基づく契約解除が容易になる。

ウについて，契約締結後，当該契約の相手方が反社会的勢力であること等が判明した場合に，催告なく解除することができる旨の条項を盛り込むことにより，反社会的勢力との関係遮断を速やかに行うことが容易になる。

エは適切である。

第35問　正解：④

［解説］　公式テキスト 第12章第2節

管理職に就いている女性従業員の割合が男性従業員と比較して極端に低いため，事業主が，この格差を解消する目的で女性従業員のみを対象に管理職候補者育成のための教育訓練を実施することは，「セクシュアル・ハラスメント指針」におけるセクシュアル・ハラスメントの例に該当しない。

第36問　正解：③

［解説］　公式テキスト 第14章第2節

アについて，正当な理由がないのに，商品または役務をその供給に要する費用を著しく下回る対価で継続して供給し，他の事業者の事業活動を困難にさせるおそれがあるものは，不公正な取引方法に該当する。

第37問　正解：③

［解説］　公式テキスト 第13章第2節

アについて，製造物責任法上の製造物には，不動産やサービスは含まれない。

第38問　正解：③

［解説］　時事問題

アについて，日本の企業が海外で得た収益は，GDPの構成要素とはならない。

第39問　正解：②

［解説］　公式テキスト 第7章第4節

特定の地域に優先的に経営資源を投入する「ドミナント出店戦略」においては，当該特定の地域での認知度の向上や物流の効率化，フランチャイザーなどの管理者がフランチャイジーを巡回するコストも抑制されるという効果がある反面，距離的に近い位置に同一チェーンの店舗が置かれることから，同一チェーンの店舗同士で顧客を奪い合う「カニバリゼーション」が発生するリスクが存在する。

第40問　正解：④

過去問題

［解説］　公式テキスト 第1部第1節

イについて，SDGsターゲット12.5は，「2030年までに小売・消費レベルにおける世界全体の一人当たりの食品廃棄物を半減させ，収穫後損失などの生産・サプライチェーンにおける食品の損失を減少させる」としており，「一人当たりの食料の廃棄を0（ゼロ）にし，収穫後損失などの生産・サプライチェーンにおける食料の損失を根絶する」とする本肢は適切ではない。

ウについて，SDGsターゲット12.6は，「大企業や多国籍企業をはじめとする企業に対し，持続可能な慣行を導入し，定期報告に持続可能性に関する情報を盛り込むよう奨励する」としているが，「特に大企業や多国籍企業などの企業に対し，持続可能な取組みを義務化し，当該取組みを行わない企業に罰則を科する法制度を整備する」とはしていない。

Part 2

模擬問題

分野別形式

問題

第１部　マネジャーの役割と心構え

第２部　人と組織のマネジメント

第３部　業務のマネジメント

第４部　リスクのマネジメント

解答・解説

 ➡解答・解説はp.169～

第1問（ビジネス推進に不可欠な視点としてのSDGs）

近年の企業ビジネスを取り巻く環境（社会・経済環境，企業の競争環境，雇用・働き方，個人のライフスタイル，地球環境など）は，ますます不透明さを増し，常に目まぐるしく変化している。特に，社会環境，地球環境の悪化についていえば，短期的利益の過度な追求と大量生産・大量消費を前提とするこれまでの社会・経済システムが自然環境に多大な影響を及ぼした結果，人類の生存基盤までもが脅かされるなど，企業活動の前提となる社会・経済システム自体が根底から揺らぐ事態が生じている。このような状況の下，「国連持続可能な開発サミット」（2015年）において採択されたSDGs（Sustainable Development Goals（持続可能な開発目標））は，2030年までに実現すべき，環境や貧困，人権，開発，平和等，17の目標をゴールとして定め，持続可能な世界を実現する取組みを示している。SDGsに関する次のアおよびイについての①～④の記述のうち，その内容が最も適切なものを１つだけ選びなさい。

ア．環境省「すべての企業が持続的に発展するために―持続可能な開発目標（SDGs）活用ガイド―［第２版］」（令和２年３月）では，「SDGsの活用によって広がる可能性」として，「SDGsは市場に変化をもたらすものであり，SDGsを無視した事業や活動は長期的に成り立たないことを示唆している。また，SDGsのゴールやターゲットに示された内容は，世界が直面する社会課題を網羅していることから，その解決を模索することはビジネスにおけるイノベーションを促進する可能性を持っていると考えられる」旨が，述べられている。

イ．企業は，自社製品や広告にSDGsのロゴやアイコンを表示することにより，当該企業は地球環境の持続可能性にコミットしているように社会に対し印象付けることができ，人・社会・地域・環境に配慮した消費行動であるエシカル消費を重視する層から高い評価を受け，収益の増進に資することができる。そのため，企業は，実際には製品やビジネスモデルに対して具体的な変化をもたらしていなくても，コストを負担して，自社製品や広告にSDGsのロゴやアイコンを表示することが重要である。

① アおよびイのいずれも適切である。
② アのみが適切である。
③ イのみが適切である。
④ アおよびイのいずれも適切でない。

第２問（マネジャーの資質）

次のア～キに掲げる事項のうち，マネジャーにとって欠くことのできない資質の１つである「真摯さ（＝integrity）」に適合しないものの個数を①～⑦の中から１つだけ選びなさい。

ア．過去の成功体験，自己のプライド等に引きずられることなく，率先して現実を直視して受け入れ，感情的ではない合理的な判断を下すこと

イ．他人の強みよりも弱みに目を向け，自分自身が当該他人より優れているためにマネジャーに選任されていることを自覚するとともに，当該他人に対しても自分自身の方が優れていることを認識させること

ウ．リスクの顕在化を防止するため，リスクを精査し，もっぱらそのリスクの顕在化を回避することに終始し，リスクを伴う新たな業務には着手しないこと

エ．部下の反感を買わないことを最優先事項と捉え，部下と表面的にフランクな態度で接し，フレンドリーな関係を築くことにのみ尽力する

オ．部下一人ひとりに対して真正面から向き合い，部下の希望や考えに耳を傾け，「絆」を結ぶこと

カ．何が正しいかよりも，誰が正しいかに関心を持ち，常に職位の上の者の考えを尊重すること

キ．常に自分の判断の水準を高める努力をし，基準の正しさを問い続けること

① 1個　② 2個　③ 3個　④ 4個
⑤ 5個　⑥ 6個　⑦ 7個

第3問（マネジャー自身のストレス管理）

マネジャーは，業務を展開する中で，様々なストレスにさらされている。過度なストレスは心身の不調を来すこともあるが，適度なストレスは，むしろやる気を奮い立たせて生産性の向上につながることがある。そのため，ストレスについて正確に理解しこれに適切に対処することが重要である。マネジャー自身のストレス管理に関する次のア～エの記述のうち，その内容が適切なものを○，適切でないものを×とした場合の組み合わせを①～⑧の中から1つだけ選びなさい。

ア．ハンス・セリエ（Hans Selye）によれば，ストレスは，達成感・充実感といった自己のやる気を奮い立たせる刺激などの良いストレス（eustress）と，業務の失敗による刺激などの悪いストレス（distress）のいずれかに区分され，良いストレスと悪いストレスのどちらにもなり得るものはないとされている。

イ．認知評価モデル（Richard Lazarus）によれば，ストレッサーにさらされた人は，まず，ストレッサーをどのように評価するかという第一次評価を経た後，ストレッサーがストレスフルであると評価された場合に，二次的評価としてストレス対処行動の選択がなされる。

ウ．ストレス対処行動であるコーピング（coping）には，ストレッサー自体の解決を目指す情動焦点型（emotion-focused）とストレス反応をコントロールしようとする問題焦点型（problem-focused）がある。

エ．コーピングの一種である認知行動療法では，ストレス等により抑うつ状態に陥ったときなどに自然に頭に浮かぶ自動思考に注目し，自動思考と現実とのギャップを確認した上で，現実的でバランスのとれた考えに変えるという方法がとられる。

①	ア ○	イ ○	ウ ○	エ ○
②	ア ○	イ ○	ウ ×	エ ○
③	ア ○	イ ×	ウ ○	エ ×
④	ア ○	イ ×	ウ ×	エ ×
⑤	ア ×	イ ○	ウ ○	エ ○
⑥	ア ×	イ ○	ウ ×	エ ○
⑦	ア ×	イ ×	ウ ○	エ ×
⑧	ア ×	イ ×	ウ ×	エ ×

第4問（ノンバーバルコミュニケーション）

コミュニケーションには，言葉を使って自分の意思，考え，感情などの情報を伝えるバーバルコミュニケーションと，態度，表情，目の動き，声色，動作など言葉以外の方法によりコミュニケーションを図るノンバーバルコミュニケーションとがある。ノンバーバルコミュニケーションは，直接的な表現ではないが，情報発信者の表情や動作が，情報の受け手の感性に大きな影響を与えるという特徴がある。ノンバーバルコミュニケーションに関する次のア～エの記述のうち，その内容が適切なものの個数を①～⑤の中から1つだけ選びなさい。

ア．パーソナル・スペースとは，他人に近づかれた場合に親近感を覚える空間や相手との距離をいい，一般に，人は，相手との距離が30cm以内に近づくと，その相手に対し，警戒心を解くとされている。マネジャーは，部下と一対一で話をする際に，安心感を持って自分の話を聞いてもらいたいときなどは，できるだけその部下に，精神的にだけでなく，物理的にも寄り添うことによって，円滑に部下とのコミュニケーションをとることができる。

イ．セルフ・プレゼンテーションとは，髪型，衣服，アクセサリー，持ち物，化粧などの見た目である。マネジャーは，いつも部下や周りから注目を集めることが重要であり，そのためには，できるだけ派手な目立つ見た目を心掛ける必要がある。

ウ．ボディー・ランゲージとは，表情，アイコンタクトや態度，身振り手振りなどをいう。マネジャーは，普段の何気ない態度，歩き方や姿勢などからも，多くのメッセージが周りの人に発信されていることを常に意識し，信頼に値するような態度・姿勢などを心掛けることが重要である。

エ．パラ・ランゲージとは，話をするときの声の大きさや高低，調子やスピードを指す。話す内容がいかに論理性を持っていても，話し手の声の調子や大きさ，声のトーンや明瞭性によって聞き手の受ける印象は大きく異なる。マネジャーは，このことを常に意識し，特に業務の指示等を行う場合は，指示内容が明瞭に部下に伝わるように心掛け，自信がないような印象を部下に与えないよう注意すべきである。

① 0個　② 1個　③ 2個　④ 3個　⑤ 4個

第5問（会議におけるコミュニケーション）

A社の総務課では，社内会議の生産性を向上させる手法を検討している。次のア～エの記述は，会議におけるコミュニケーション手法について話しているA社の総務部長Xとその部下である総務課長Yとの会話の一部である。この会話におけるYの発言のうち，その内容が適切なものを○，適切でないものを×とした場合の組み合わせを①～④の中から１つだけ選びなさい。

ア．X「普段あまり交流のないメンバーが集まって会議を実施する場合に有効なコミュニケーション手法にはどのようなものがありますか。」
Y「そのような会議などにおいて，積極的な意見・発言ができるような雰囲気をつくるために，参加メンバーの緊張をほぐして気持ちを和らげる手法として『アイスブレイク』があります。」

イ．X「会議の開催に際して何か留意すべきことはありますか。」
Y「会議を開催するに際しては，会議の目的と議論によって求める成果を明確に定め，参加メンバーに周知します。また，会議は，開始時刻と終了時刻を厳守するようにします。終了時刻が曖昧で，いつ終わるかわからない会議では，中身の濃い会議とはならない可能性があります。」

ウ．X「会議の生産性を阻害する要因にはどのようなものがありますか。」
Y「例えば，会議に参加するメンバーの目的や意識が統一されず，メンバーの中に他人の意見を聞こうとしない人がおり，または議事内容が整理されておらず議題からの乖離が大きく収拾がつかないことなどが挙げられます。」

エ．X「マネジャーとして，どのように会議を進めていけばよいでしょうか。」
Y「会議においては，マネジャーにファシリテーターの役割が期待される場面があります。ファシリテーターは，会議参加者の参加意欲を引き出すために発言者が偏らないように配慮するとともに，参加者の意見をファシリテーター自身の意見に集約させるために意見の相違を早期に調整する必要があります。」

① ア ○　イ ○　ウ ○　エ ×
② ア ○　イ ×　ウ ○　エ ×
③ ア ×　イ ○　ウ ×　エ ○
④ ア ×　イ ×　ウ ×　エ ○

第6問（EQ理論）

マネジャーは，部下がその目標達成のために業務を遂行する中で困難に直面した時などに，部下にひるまず推進するモチベーションを維持させるためには，部下の感情に配慮することが重要である。EQ理論（Peter Salovey, John Mayer）では，適切な感情活用を行えば，意図する目標や成果を得るために適切な思考・行動，態度をとることができると提唱されている。次の①～④の記述のうち，EQ理論の趣旨に照らし，最も適切でないものを1つだけ選びなさい。

① 人とのコミュニケーションを効果的に図るには，自分自身の感情を正確に識別することと，相手や周囲の人の感情を正確に識別することが重要である。そこで，「感情の識別」すなわち感情を読み取る能力が重要であるとされている。

② 考え方や行動は，その時において自分がどのように感じているかに大きく影響を受ける。そして，問題解決や課題を達成するための行動を起こす際，その行動に最も適切な感情の状態となることができれば，よりよい結果を期待できる。そこで，「感情の利用」すなわち適切な感情になる能力が重要であるとされている。

③ 感情は，潜在的な原因に基づき生起し，一定の法則に従って変化するという特性がある。そして，自己や周囲の人がある感情に至った原因やその時の状況を理解し，自分の行動によって相手の感情はどう変化するかを理解することができれば，どのような行動をとるべきかを知ることができ，人とのコミュニケーションを円滑にすることを期待できる。そこで，「感情の理解」すなわち感情の生起と今後の変化を予測する能力が重要であるとされている。

④ 感情は，物事の判断や行動にあたって思考に大きく影響を及ぼす。そして，問題の解決や課題の達成のためにとるべき行動に適するように感情を調整・統合することができれば，問題解決や課題達成に向けての大きな推進力となる。そこで，「感情の調整」すなわち問題の解決や課題の達成のために，自らが相手の感情を操作し，自由に相手の行動を調整する能力が重要であるとされている。

第7問（部下・チームのマネジメント）

マネジャーが，自らの率いる部下やチームをマネジメントするにあたり留意すべき事項の1つに「アンダーマイニング効果」がある。次の①～③の記述のうち，アンダーマイニング効果に関するものを1つだけ選びなさい。

① 単独で作業をするよりも集団で作業をする方が構成員1人当たりの作業量は低下し，集団における協同作業においては，集団の人数が増えるほどその構成員1人当たりの作業量は低下するという現象をいう。マネジャーは，チームメンバーのこのような心理を念頭に置き，メンバーの役割分担を明確にする等，チームの有する能力が十分に発揮されるよう留意する必要がある。

② 部下が自ら進んで行動を起こしている場合に，マネジャーがその同じ行動を動機づけるために報酬等を与えたりすると，報酬が与えられなければその行動をしなくなってしまうなど，知的好奇心等によってもたらされる内発的動機づけに基づく行動に対して，賞罰等の外発的動機づけを行うことで，当初の内発的動機づけが抑制されモチベーションが低減する現象をいう。マネジャーは，部下の内発的動機づけに基づく行動に対する外発的動機づけにより，かえって部下のモチベーションが低下する可能性があることを認識し，誤った動機づけを行わないよう留意する必要がある。

③ 集団としての意思決定をする前提として，構成員で議論や討論をする際に，個々の構成員が討論前に持っていた判断や感情，行動傾向が，当該議論や討論を経ることによって，より危険性の高い方向に傾斜したり，逆に用心深い方向に傾斜していく現象をいう。マネジャーは，チームをマネジメントする中で，チームにおける意思決定をするにあたり，このような傾向に留意する必要がある。

第8問（動機づけ）

次の記述は，部下の動機づけについて述べた文章である。この文章の空欄ア～エに，後記の語群から最も適切な語句を選びなさい。

マネジャーは，部下が仕事に意欲的に取り組むことができるよう動機づけをするに際し，XY理論（Douglas McGregor）を参考にすることができる。

XY理論では，人の働き方や仕事に対する考え方について，X理論とY理論という2つの対照的な見解に分類している。

まず，X理論における人間の性質と行動は，欲求段階説（Abraham Maslow）における［ア］を比較的多く持つ人間をモデルとしている。［ア］は，「生理的欲求」および「安全・安定を求める欲求」が属する欲求であり，相対的に低次の欲求を意味する。

X理論に基づくマネジメント，すなわち，仕事を細かく規定し，統制し，日常的に，密接に部下を監督し，懲罰をもって威圧したり昇給を約束するなどといったマネジメントを続けると，実際に，そのチームの人々は強制や命令がなければ動かなくなるという効果が生じ得る。このように，否定的に接することにより否定的な結果が導かれる現象は［イ］と呼ばれる。

しかし，欲求段階説において，「社会的欲求」，「自尊・承認の欲求」および「自己実現欲求」の属する欲求であり，相対的に高次の欲求である［ウ］を比較的多く持つ人間に対してX理論に基づくマネジメントが有効であるかについては疑問が呈されている。そこで，部下に対して魅力ある目標と責任を与え続けることによって部下のモチベーションを高める手法であるY理論におけるマネジメントスタイルが必要であるとされている。

Y理論に基づくマネジメントにおいては，部下に期待することにより，部下はさらに期待に応えようと努力するという効果が生じ得る。このように，期待をすることにより，相手もその期待に応えるようになるという現象は［エ］と呼ばれる。

［語群］

① 排除欲求	② リアクタンス効果	③ 権力欲求
④ インシデント効果	⑤ ゴーレム効果	⑥ プラシーボ効果
⑦ 精神的欲求	⑧ サブリミナル効果	⑨ ピグマリオン効果
⑩ 支配欲求	⑪ 物質的欲求	⑫ 独占欲求

第9問（マズローの欲求段階説）

部下の動機づけの参考にすることができるアブラハム・マズロー（Abraham Maslow）の「欲求段階説」に関する次の①～⑤の記述のうち，その内容が最も適切でないものを1つだけ選びなさい。

① ビジネスにおける部下の動機づけという意味で重要となるのは，「社会的欲求」，「自尊・承認の欲求」および「自己実現の欲求」の段階である。マズローによれば，人は，下位の欲求がある程度充足されれば，その上の欲求を満たすために行動するものとされている。

② 「安全・安定を求める欲求」とは，集団に所属し受け入れられたいという欲求

であり，この欲求が充足されないと，孤独感，社会的不適応，うつ状態を引き起こす原因となり得る。

③ マネジャーは，部下がマズローの欲求段階説における５段階の欲求のうち，４段階目である「自尊・承認の欲求」より上の段階に達することを目指し，部下の「社会的欲求」を満たすように接することが重要となる。そのためには，部下がチームの一員として受け入れられていると感じるようにしなければならない。

④ 「生理的欲求」，「安全・安定を求める欲求」，「社会的欲求」，「自尊・承認の欲求」は，「欠乏欲求」と総称され，これらは，満たされればもはや動機づけにはならないのに対し，「自己実現欲求」は，無限に人を動機づける可能性をもつものである。

⑤ 「自己実現欲求」によって動機づけられている人の特徴の１つとして，事実をありのままに観察し，自分自身や他の人々の人間性をそのまま受け止めることが挙げられる。

第10問（外部とのコミュニケーション）

マネジャーは，自己の業務に関係する取引先，業界団体または官公庁の担当者といった多種多様な人々（以下，「外部」という）とかかわりを持つ。マネジャーが外部とのコミュニケーションをとるに際して留意すべき事項に関する次のア～エの記述のうち，その内容が適切なものの個数を①～④の中から１つだけ選びなさい。

ア．マネジャーには，外部に人的なネットワークを築き，必要に応じて協力を得ることのできる信頼関係を構築することが期待される。必要なときに外部の協力を得るためには，日常的にコミュニケーションをとることが大切である。取引上の力関係等を背景として高慢な態度をとったり，自分の気が向いたときだけ連絡するのでは，安定的な信頼関係を構築することは困難である。

イ．マネジャーは，外部からの情報をそのまま伝令のようにチームメンバーに伝えればよいわけではない。マネジャーは，外部からの情報がチームの目的にどのように影響を与えるか，不必要な情報はないかといった整理・調整をして，外部からの情報によりチームに無用の混乱をきたさないよう注意する必要がある。

ウ．マネジャーは，外部から必要な情報の提供等の協力を要請された場合，可能な範囲で外部に協力することが大切である。外部への協力に際しては，自社の機密情報の取扱いに十分な注意が必要であるが，機密情報は，企業の事業活動に有用な情報に限られ，現に事業活動に使用されていない情報や直接ビジネスに活用されていない情報は機密情報に含まれない。したがって，例えば「ある方法を試みたがその方法は役立たなかった」というように，失敗した試みに関する情報は機密情報には当たらず，外部に明らかにしても支障はない。

エ．マネジャーは，正式に自社を代表し，外部との関係において，相互に安定的な協力体制を築く役割を担う。したがって，マネジャーは，同業者の会合等において各社製品の価格や生産数量などを取り決め市場価格の下落を防止するなど，同じ業界に属する同業者同士の共存共栄に資する活動を積極的に行うべきである。

① 1個　② 2個　③ 3個　④ 4個

第11問（コーチング）

コーチングを活用した人材育成に関する次のア～エの記述のうち，その内容が適切なものの組み合わせを①～④の中から1つだけ選びなさい。

ア．部下に対して業務に関する一般的な基礎知識や技能を教えたり，部下が経験したことのない業務を習得させたり，または複数の部下に画一的な知識を共有させたりする場合には，一般に，ティーチングよりコーチングの手法が用いられる。

イ．コーチングスキルの1つに「部下に質問をする」ことが挙げられるが，部下に質問をする場合，部下の自律性の育成という観点からは，一般に，イエスかノーかの判断を求める「紋切り型の質問」（Closed Question）よりも「○○について，どのような方法が考えられますか」などという「オープン型の質問」（Open Question）の方が適切である。

ウ．部下の話が抽象的であったり，要領よく説明できずに行き詰まったりする場合に用いることができる手法に「チャンキング」（Chunking）があるが，これには，話の塊をほぐしたり具体化する「チャンクダウン」（Chunk down）と，話の内容をまとめたり抽象化する「チャンクアップ」（Chunk up）がある。

エ．コーチングスキルの1つに「部下の行動進化や成長を認める」ことが挙げられるが，部下の行動に改善や進化を認める際には，当該部下が優れている旨を単に抽象的に褒めることが，実際に改善された行動などを具体的に指摘しそれを部下に伝えるなど部下の成長を認めること（Acknowledgment（承認））よりも重要である。

① アイ　② アエ　③ イウ　④ ウエ

第12問（チームビルディング）

X社は，法人向けにインターネットを利用したWEBサービスを提供しているが，新たに個人向けのWEBサービスを提供することとし，X社の事業部に所属するAをリーダーとしてプロジェクトチーム（以下，「本件PT」という）を編成することとした。次のア～ウの記述は，Aとその上司である部長Bとの間で，本件PTにおけるチームビルディング等についてなされた会話の一部である。これらの会話のうち，Aの発言の内容が適切なものを○，適切でないものを×とした場合の組み合わせを①～④の中から１つだけ選びなさい。

ア．B「本件PTでは，新たな事業として個人向けのWEBサービスの提供に取り組むこととなりますが，本件PTのメンバーとしてどのような者を選出するのが望ましいと考えますか。」

A「一般に，集団の構成員には，集団から影響を受けつつ集団に対しても影響を与え，複数人の単純な集合ということ以上に集団としての特性的な行動が発生するという傾向が認められます。この考え方に基づき，本件PTは様々な思考や興味・関心を持つ多様なメンバーで構成するようにし，お互いの個性から受ける刺激により新しいアイデアが生まれやすくすることが望ましいと考えます。」

イ．B「本件PTのリーダーとして，本件PTにおける業務の効率性を高めるために，どのようなことに留意すべきだと考えますか。」

A「実際に業務を遂行するメンバーが過度に多くの事務的な作業に煩わされないようにすることが大切です。つまり，新しいサービスを提供するシステムを構築する本件PTのような創造的な仕事等に携わるチームでは，メンバーが事務的な作業に必要以上に多くの時間と手間をとられることのないように留意する必要があると考えます。」

ウ．B「これまで他社が提供したことのない個人向けの革新的なWEBサービスを提供する場合，その普及のため，本件PTとして，重点的に検討すべきなのはどのような事項だと考えますか。」

A「革新的なサービスを普及させるにあたり参考となる考え方に，イノベーター理論（Everett Rogers）があります。イノベーター理論によれば，どのような製品か実際に使ってみなければわからないものであっても，新技術を用いた製品を購入し使ってみたいという考えを持つ顧客層（イノベーター）に受け入れられさえすれば，その後は特段の普及施策を講じなくとも，市場は拡大し，大きな収益が望めるとされています。したがって，本件PTでは，イノベーターの特徴に応じたマーケティングをいかに重点的に展開するかを検討することに注力します。」

① ア ○ イ ○ ウ ○
② ア ○ イ ○ ウ ×
③ ア × イ × ウ ○
④ ア × イ × ウ ×

 ➡解答・解説はp.174～

第13問（事業計画の策定）

次の①～④の記述は，事業計画の策定について話し合っている会話の一部である。これらの会話のうち，その内容が最も適切でないものを１つだけ選びなさい。

①「事業計画では，事業の収益性を確認し，チームで担当する事業によって達成すべき売上高や営業利益といった業績目標を明確にします。このチームの業績目標は，経営計画と整合的である必要があります。実際には，一般に，各チームで作成された業績目標が経営層に提出され，組織全体の業績目標として集計された後，チーム間のバランスや経営戦略との調整を経て組織全体の業績目標が決定されます。」

②「損益計画では，事業で得られる売上とそれに必要な費用から，どれだけの収益が見込めるか等を検証します。損益計画の策定にあたって，チームが扱う各製品等の次期における売上高を予想します。損益計画における売上高を予想するに際しては，過去の実績に基づいて予想する方法，顧客等ごとに予想される売上高を積み上げる方法，事業規模と市場シェアから売上高を計算する方法等を適宜組み合わせることにより，精度の高い説得力のある売上高を予想することが可能となります。」

③「損益計画の作成に際しては，この事業によって収益を得るために最低限必要な売上高を算出するために，損益分岐点を把握します。損益分岐点において必要となる製品等の販売数量（損益分岐点販売数量）は，まず製品を１個販売するのに必要な経費（変動費＋固定費）を表す『限界利益』を求め，売上高÷限界利益で算出することができます。」

④「マネジャーは，事業計画を策定する際には，業務量に合わせて部下を適切に配置し人員効率を高めることが求められます。人員の配置を計画するにあたり，人件費を効果的にコントロールするための手法として，人時売上高や人時生産性の活用が考えられます。人時売上高は，売上÷総労働時間で求められ，従業員１時間当たりの売上高を表します。人時生産性は，粗利益÷総労働時間で求められ，従業員が１時間当たりに稼ぐ粗利益を表します。」

第14問（事業モデル／ビジネスモデル）

マネジャーは，事業計画を策定するにあたり，事業モデル（ビジネスモデル），すなわち事業によって収益を生み出すための具体的なしくみを決定する必要がある。ビジネスモデルに関する次のア～エの記述のうち，その内容が適切なものの個数を①～⑤の中から１つだけ選びなさい。

ア．例えば，飲食店など，事業の主体が企画・開発・製造等をした製品・サービスを顧客に提供して対価を受け取るビジネスモデルは，一般に単純物販モデル（物販）と呼ばれる。物販では，提供する商品やサービスに優位性があることが最も重要な条件とされている。

イ．商品を作らず，メーカーや卸売業者から商品等を仕入れて売るビジネスモデルは，一般に小売と呼ばれる。小売においては，競合他社と同じ商品を販売するため，インターネット上のWEBサイト等で容易に商品の価格比較ができる現在の環境では，商品の購入者が次回以後の取引において商品価格の一部に充当することができるポイントを付与する制度を導入する等により，顧客に継続的購入をさせる付加サービスを検討することが求められる。

ウ．例えば，高価なひげ剃りの本体を無料で配布し，自社のものしか適合しない消耗品である替え刃を十分な利益を加えた価格で販売するなど，本体の価格は比較的低廉にし，消耗品やメンテナンスで収益を得るビジネスモデルは，一般に消耗品モデル（消耗品ビジネス）と呼ばれる。消耗品モデルでは，本体のライフサイクルを可能な限り短くし，次々に新規の本体製品を市場に供給し続けるとともに，当該新規の本体製品にしか適合しない消耗品も同時に開発しなければならない。

エ．例えば，「あるテーブルに，デザインや色などがマッチするのはどのイスか」など，１つの商品にマッチする商品をセットで販売することで収益をあげるビジネスモデルは，一般にマッチングモデルと呼ばれる。マッチングモデルでは，マッチングさせるためのセンスをどれだけ磨けるかが重要なポイントとなる。

①　0個　　②　1個　　③　2個　　④　3個　　⑤　4個

第15問（ファイブフォース分析）

次の表は，X社が新規参入を検討している甲業界，乙業界および丙業界について，X社営業部のマネジャーAがファイブフォース分析（Michael Porter）を行った結果を示す資料である。Aが，本資料に照らして，各業界を検討した結果に関するア～ウの記述について，その内容が適切なものを○，適切でないものを×とした場合の組み合わせを①～④の中から1つだけ選びなさい。

	甲業界	乙業界	丙業界
参入障壁	低い	高い	高い
代替製品・サービス	多い	少ない	ない
売り手の交渉力	高い	低い	低い
買い手の交渉力	高い	高い	低い
競合企業との敵対関係（競合他社の数）	多い	少ない	少ない

ア．甲業界は，新規参入が容易であるが，競合企業との激しい競争にさらされる可能性がある。また，製品調達に要するコストを抑えることが難しく収益が圧迫されるのに加え，製品の販売価格を下げなければ製品が売れないものと考えられる。既に市場に供給されている製品に比べ，利益率の高い製品を開発し顧客に受け入れられなければ，高い収益性を得るのが困難な業界であると判断することができる。

イ．乙業界は，新規参入が困難であるが，競合企業との競争は比較的緩やかである可能性がある。製品の販売価格を下げなければ製品が売れないものと考えられるが，既に市場に供給されている製品よりも，顧客にとってコストパフォーマンスが高い製品を開発でき，かつ製品調達に要するコストを抑えることができれば，高い収益性を得られる可能性がある業界であると判断することができる。

ウ．丙業界は，新規参入が困難であるが，競合企業との競争は比較的緩やかである可能性がある。また，製品調達に要するコストを抑えることができる可能性があるのに加え，製品が比較的高額でも顧客に受け入れられやすいと考えられ，丙業界への参入は容易ではないが，参入できれば高い収益性を得られる可能性が高い業界であると判断することができる。

① ア ○　イ ○　ウ ○
② ア ○　イ ×　ウ ×

③ ア × イ ○ ウ ×
④ ア × イ × ウ ○

第16問（SWOT分析）

建設業者であるA社の営業部のマネジャーであるXは，SWOT分析を用いてA社を取り巻く経営環境を下表のように分析した。次のア～カの記述のうち，この表に基づくA社の経営戦略としてとり得ないものの個数を①～⑦の中から１つだけ選びなさい。

強み：Strengths	弱み：Weaknesses
●公共工事の受注が多く，利益率が高い ●財務基盤が安定している ●豊富な施工技術の蓄積があり，需要者からの多様な要望に対応できる ●営業担当者の交渉力が高い	●人件費率が高い ●若年層の労働者の定着率が低い ●受発注・社内手続など業務全般について，IT化への対応が遅れている
機会：Opportunities	**脅威：Threats**
●甲市庁舎の修繕工事の入札予定がある ●高齢化社会対応，災害対策，建物の機能性の向上など，需要者のニーズは高度化かつ多様化している	●公共事業が縮減化傾向にある ●公共事業の電子入札化が増加傾向にある ●価格競争が激化し，工事価格が下落傾向にある ●円安の影響で，原材料費が高騰している

ア．A社は，豊富な施工技術の蓄積を活かして，高齢化社会対応，災害対策，建物の機能性の向上など高度化・多様化する需要者のニーズに応え得る旨の営業活動を積極的に展開する。

イ．甲市庁舎の修繕工事の競争入札で落札・受注するため，A社の安定した財務基盤および営業担当者の高い交渉力を活かし，甲市の入札担当職員に対して金銭の供与を伴う饗応接待を行う。

ウ．工事価格の下落傾向，原材料費の高騰に対応するため，A社の営業担当者の高い交渉力を活かし，建築資材の製造を委託している下請事業者に，同種の資材の製造委託において通常支払われる額に比べて著しく低い下請代金で建築資材を製造させる。

エ．若年労働者の低い定着率を補うため，派遣元事業主から若年の派遣労働者の派遣を受け，建設業務に従事させる。

オ．高い人件費率を抑制するための対策として，外国人労働者を大量に雇い入れ，同一の労働に従事する日本人労働者と比較して低廉な賃金で使用する。
カ．公共事業の電子入札化の増加への対応策として，IT環境を整備する。

① 0個　② 1個　③ 2個　④ 3個
⑤ 4個　⑥ 5個　⑦ 6個

第17問（コトラーの競争地位戦略）

娯楽用電子機器メーカーであるA社は，携帯用電子ゲーム機のマーケットにおいて，自社の供給する電子機器αを主力製品として最大のシェアを持ち，本件マーケットにおいて競合他社を牽引する主導的立場にある。次のア～エの記述は，本件マーケットにおいてA社が進むべき方向性に関して，A社内でなされた検討会における発言の一部である。これらの発言のうち，フィリップ・コトラー（Philip Kotler）の競争地位戦略（マーケットにおける自社のポジションに応じて採用すべき戦略を4つに分類し，それぞれに応じた望ましい戦略があるとする考え方）に照らし，その内容が適切なものの組み合わせを①～④の中から1つだけ選びなさい。

ア．「当社は，本件マーケットへの競合企業の新規参入を防ぐために，既存の競合企業と共同して，携帯用電子ゲーム機の製造に必要な資材のメーカーが新規参入者に資材を供給しないようにさせます。その上で，当社は，販売店に対して，積極的に電子機器αの値引きを奨励し，既存の競合企業を本件マーケットから撤退せざるを得ない状況にします。」
イ．「当社は，『全方位化』または『フルライン戦略』を採用し，当社の資金力・卓越した商品開発力などを活用して，電子機器αを中心とする周辺需要すべてについて商品を投入することにより，本件マーケット自体の拡大を目指します。」
ウ．「当社は，本件マーケットにおいて，競合企業が電子機器αに対抗する商品を開発し販売した場合には，当該商品に優る商品を開発し市場に投入して利益を奪われないようにします。」
エ．「当社は，独自の技術やブランドという強みを最大限生かしながら，競合企業が参入しない限定的な隙間（ニッチ）市場に限られた経営資源のすべてを集中して投下することにより，確固たるシェアを獲得する戦略を採用し，当該市場において独自の地位を築くようにします。」

① アウ　② アエ　③ イウ　④ イエ

第18問（業務計画の作成と実施）

マネジャーが業務をマネジメントするにあたり，業務計画を作成し，それを実施することに関する次のア～エの記述のうち，その内容が適切なものの組み合わせを①～④の中から１つだけ選びなさい。

ア．マネジャーは，業務計画を作成するにあたっては，まず目標達成に向けて取り組むべき実施事項を洗い出す。実施事項を洗い出す際には，目標項目と関連する業務について具体的な実施事項を可能な限り多く挙げる。この際，実施事項の洗い出しは目標項目との関連性の強さを考慮し整理した図表等を作成しながら行うことなどにより，実施事項がMECEとなるようにすることが大切である。

イ．業務計画で定めた目標を達成するために，業務遂行過程で実施すべき事項（実施事項）に現実に取り組むのは部下などのチーム・メンバーである。そのため，業務計画の作成にあたり実施事項を検討する過程に部下を参加させると，実施事項として，部下が成果を上げやすい事項だけが抽出されるという懸念が生じる。そこで，マネジャーは，自分自身が単独で実施事項をすべて検討した上で決定しなければならず，その検討過程に部下を参加させてはならない。

ウ．マネジャーは，チームとして目標を達成するために実施すべきすべての実施事項を確定したら，実施事項の１つひとつについて，「誰が」「いつまでに」行うか，具体的な実施方法を明確に決定する。業務計画の進捗を管理するにあたっては，例えば，実施事項とそれを実施する日程を一覧にして示すことにより，所要時間等を把握することができる。

エ．業務計画の進捗を管理する過程で問題が生じた場合に，その原因の所在を発見するにあたって有用なフレームワークとして，「問題発見の４M」を挙げることができる。問題発見の４Mは，例えば，生産現場において，製品の品質に何らかの不具合が生じた場合などに，問題の所在を発見するために，製品の品質を決定する要素である「人（Man）」，「機械（Machine）」，「材料（Material）」および「士気（Morale）」について検証するものである。

① アイ　② アウ　③ イエ　④ ウエ

第19問（成果の検証）

次の表は，X社における20X2度の決算報告（損益計算書および貸借対照表）の概要と，20X1年度の決算報告の概要とを比較した資料である。X社の経営企画部の課長であるAが行った本資料に基づく分析結果の一部である次のア～ウの記述のうち，その内容が適切なものを○，適切でないものを×とした場合の組み合わせを①～④の中から1つだけ選びなさい。なお，本問においては，法人税等については考慮しないものとする。

損益計算書

（単位：百万円）

項目	20X1年度	20X2年度
売上高	400.0	1,000.0
売上原価	230.0	755.0
売上総利益	170.0	245.0
販売費及び一般管理費	88.5	165.0
営業利益	81.5	80.0
営業外収益	0.5	9.0※1
営業外費用	2.0	2.0
経常利益	80.0	87.0
特別利益	0.0	0.0
特別損失	8.5※2	0.0
税引前当期純利益	71.5	87.0

※1は，X社が保有する他社株式の受取配当金による収益である。
※2は，知的財産権侵害に基づき他社に支払った損害賠償額である。

貸借対照表

（単位：百万円）

項目	20X1年度	20X2年度
流動資産合計	95.0	132.0
固定資産合計	100.0	505.0
資産合計	195.0	637.0
流動負債合計	25.0	235.0
固定負債合計	95.0	240.0
負債合計	120.0	475.0
純資産合計	75.0	162.0

ア．20X2年度は，20X1年度との比較において，営業利益は減少しているものの，売上高が大きく増加し，また，企業の通常の活動で得られる利益を表す経常利益も増加している。さらに，税引前当期純利益も20X1年度との比較において増加している。したがって，当社の本業は健全に運営されていると判断することができ，20X3年度も引き続き20X2年度と同様の活動を推進していくべきである。

イ．企業の収益性を示す指標である総資本経常利益率は，20X2年度は20X1年度との比較において低下している。総資本経常利益率を改善するための施策として，例えば，商品の仕入価格の見直しや，販売費及び一般管理費のうち圧縮が可能なものはないかを検討し，徹底したコスト削減を図ることが重要である。

ウ．当社は，20X2年度に店舗用地と店舗建物を購入した。そのため，20X2年度の固定長期適合率は，20X1年度との比較において増加している。当社は，20X2年度において，固定資産の調達のための資金を，自己資本や早期に返済をする必要のない固定負債で賄えておらず，改善が必要である。この問題の改善策として，20X3年度以降は，設備や土地建物などの固定資産について，自社で所有する必要があるのか，賃借に替えることはできないか，遊休固定資産はないか等を十分に検討し，不要な固定資産を処分等することが重要である。

① ア ○ イ ○ ウ ○
② ア ○ イ × ウ ×
③ ア × イ ○ ウ ○
④ ア × イ × ウ ×

第20問（キャッシュフロー計算書）

X社では，自社製品の新規の納入先の候補として，甲社，乙社および丙社が挙げられている。次の表は，X社営業部のマネジャーであるAが，甲社，乙社および丙社が公表している直近のキャッシュフロー計算書（直接法で表記。集計期間はいずれも同一の期間）をまとめて作成した資料である。次のア～ウの記述は，X社営業部において，本資料を検討した際の発言の一部である。これらの発言のうち，その内容が適切なものの個数を①～④の中から１つだけ選びなさい。

甲社，乙社および丙社のキャッシュフロー計算書の概要（直接法）

（単位：千円）

	甲社	乙社	丙社
Ⅰ　営業活動によるキャッシュフロー			
営業収入	150,000	250,000	500,000
商品の仕入支出	△ 60,000	△ 80,000	△ 280,000
人件費支出	△ 80,000	△ 100,000	△ 150,000
その他の営業支出	△ 20,000	△ 35,000	△ 60,000
小計	△ 10,000	35,000	10,000
Ⅱ　投資活動によるキャッシュフロー			
有価証券の取得による支出			
有価証券の売却による収入	5,000		
有形固定資産の取得による支出		△ 10,000	△ 15,000
有形固定資産の売却による収入	10,000		
小計	15,000	△ 10,000	△ 15,000
Ⅲ　財務活動によるキャッシュフロー			
短期借入れによる収入			
短期借入金の返済による支出	△ 15,000		
長期借入れによる収入			5,000
長期借入金の返済による支出		△ 10,000	
株式の発行による収入			10,000
小計	△ 15,000	△ 10,000	15,000

ア.「本資料から，甲社は，本業で現金が流出しており，借入金を返済するために，保有する有価証券や固定資産を売却しなければならない状態であり，健全な経営状態ではないと考えられます。甲社を新規の納入先とするのは避けた方がよいと考えられます。」

イ.「本資料から，乙社は，本業で現金を獲得しており，借入金の返済により負債を圧縮し，また，設備投資も行っており，乙社の財務状況は良好と考えられます。乙社は，新規の納入先としてよいと考えられます。」

ウ.「本資料から，丙社は，本業で現金を獲得しているものの，新規の設備投資のための資金を賄うには不足しているため，増資等により，その資金を獲得していると考えられます。これは，丙社が設備投資を行うための資金需要に投資家からの協力が得られていると考えることができ，丙社は，新規の納入先としてよいと考えられます。」

①　0個　　②　1個　　③　2個　　④　3個

第21問（問題発見と問題解決の７ステップ）

業務上の問題を７つのステップに従って解決する考え方（問題解決の７ステップ）がある。この問題解決の７ステップに関する次の文章中の空欄ア～エに当てはまる語句を後記の語群から１つずつ選びなさい。

（問題解決の７ステップ）

ステップ１	問題を明確化するための［ア］
ステップ２	真の原因の発見
ステップ３	改善目標の設定
ステップ４	［イ］の立案
ステップ５	［イ］の実施
ステップ６	効果の確認
ステップ７	成果の定着化

ステップ１は，問題を明確化するための［ア］である。［ア］は，［ウ］に基づいて行う。

［ウ］は，問題が起こっている現場にマネジャー自身が実際に赴き，問題となっている現物を手にとるなどして現実を実際に確認するものである。

この［ア］によって得られた資料やデータを基に，ステップ２，すなわち，真の原因を探ることとなる。真の原因とは，その問題を発生させている根本的な原因であって，これを解決すれば問題が発生しなくなるものをいう。真の原因の探求においては，漏れなく重複なく（これを「［エ］」という）検討することが重要である。

そして，「真の原因の発見」で明確になった根拠となる数値などを踏まえ，具体的かつ現実的なものとして改善目標を設定し（ステップ３），改善目標を達成するための［イ］を立案し，実施する（ステップ４および５）。

あらかじめ［イ］で定めた期間まで対応策の実施を継続したら，その「効果の確認」を経て（ステップ６），「成果の定着化」をめざす（ステップ７）。

①　理論武装　②　改善計画　③　CSR　④　ロジックツリー
⑤　三現主義　⑥　４S　⑦　事業継続計画　⑧　現状把握
⑨　経営方針　⑩　ブレインストーミング　⑪　問題発見の４M
⑫　MECE

第22問（マーケティング）

マネジャーが，自社の製品・サービスのマーケティングを戦略的に実施する際に検討すべきである「マーケティング・ミックス（マーケティングの4P）」に関する次のア〜エの記述のうち，その内容が適切なものを○，適切でないものを×とした場合の組み合わせを①〜⑧の中から１つだけ選びなさい。

ア．製品（Product）は，市場に投入する製品・サービスそのものであり，製品の品質や機能，デザインに加えて，商品名や容器も「製品」に含まれる。

イ．価格（Price）は，製品・サービスの価格である。標準価格の設定，値引きの可否などが検討される。価格は，利益の確保だけでなく，顧客の「値ごろ感」や製品・サービスのイメージ（高級か並か）にも影響を与えるため重要である。例えば，顧客の視点に立ち，「いくらなら製品・サービスを購入するか」を考慮して価格を決定することが考えられる。

ウ．流通経路（流通チャネル，Place）は，製品・サービスの提供地域，物流，販売チャネル，陳列法に関する項目である。製品・サービスがエンドユーザー（消費者）の手元に届くまでの経路を検討する。流通チャネルは，卸売業者や物流業者，小売業者など外部の介在が生じるため，外部の協力体制をいかに構築できるかという観点が重要である。優れた流通チャネルが構築できれば，例えば，小売店が自社製品を顧客の目を引きやすい場所に陳列してくれたり，率先して顧客に推奨してくれるなどの協力が期待できるため，競合他社との優位性を高めることにもつながり得る。

エ．販売戦略（Promotion）は，顧客に自社の製品・サービスを知ってもらい，需要を喚起させる活動である。これには，広告，イベントやキャンペーンなどの販売促進が含まれる。販売戦略については，従来の企業が顧客に対して一方的に売り込むというイメージではなく，顧客に自社の製品やサービスの情報を伝えつつ，顧客からの質問や疑問点にも答えていくといった双方向性を意味する「コミュニケーション」と捉えることが重要である。

① ア ○　イ ○　ウ ○　エ ○
② ア ○　イ ○　ウ ×　エ ×
③ ア ○　イ ×　ウ ○　エ ○
④ ア ○　イ ×　ウ ×　エ ○
⑤ ア ×　イ ○　ウ ○　エ ×
⑥ ア ×　イ ○　ウ ×　エ ○

⑦　ア　×　　イ　×　　ウ　○　　エ　×
⑧　ア　×　　イ　×　　ウ　×　　エ　×

第23問（イノベーション）

イノベーションに関する次のア～エの記述のうち，その内容が適切なものの個数を①～④の中から１つだけ選びなさい。

ア．予期せぬ成功や予期せぬ失敗はイノベーションの機会となり得る。予期せぬ成功は，あらかじめ計画されていたことではないとして軽視するのではなく，イノベーションの機会として受け止めることが重要である。

イ．例えば，多くの消費者は機能が少なく安価な商品を望んでいるのに，競合他社は多機能で高価な商品を市場に供給しているような場合には，イノベーションの機会が認められる。

ウ．人口構造の変化は，いかなる商品やサービスが，誰によって，どれだけ求められるかに影響する。このような年齢構成の変化に伴う需要の変化を現実のものとして捉えることによって，イノベーションが可能となる。

エ．例えば，野菜に対する嗜好として，傷がなく形のよい野菜が最もよいという認識が一般的になり，市場にそのような野菜しか流通しなくなった後に，傷があったり形の悪い「わけあり」の野菜であってもよいという消費者が現れた場合には，イノベーションの機会となる。

①　１個　　②　２個　　③　３個　　④　４個

➡解答・解説はp.177～

第24問（リスクマネジメントの関連概念）

リスクマネジメントに関連する概念に関する次のア～エの記述のうち，その内容が適切なものの個数を①～④の中から１つだけ選びなさい。

ア．コンプライアンスは「法令等の遵守」ともいわれる。ここでいう「法令等」とは，国会で定められた法律や法律を執行等するために制定された政府の命令，地方自治体が制定する条例のみを指す。なお，企業の役員や従業員などが業務に関して法令に違反する行為をし罰則の対象となる場合，罰則が適用されるのは直接に違反行為をした者に限られ，その事業主体である企業をも罰則の対象とする法令は，現在，日本には存在しない。

イ．企業の社会的責任は，企業が，様々なステークホルダー（利害関係者）との関係で，企業としての行動規範を策定しこれに従い適切に行動することを求める考え方である。この考え方が国際的にも重視されつつあることの表れとして，国際規格であるISO26000が発効している。

ウ．内部統制システムとは，組織の業務の適正を確保するための諸々の行動の総体をいう。組織がこれを構築するにあたっては，当該組織にいかなるリスクが存在するのかを把握し，リスクについて十分な分析を加えることが不可欠な作業となるため，これを構築することの前提条件としてリスクマネジメントが重要となる。

エ．例えば，地震，台風などの自然災害が生じた場合，事業の停止に追い込まれるおそれがある。こうした事態を引き起こすおそれのある要因に備え，個々の事業形態・特性などを考えた上で，組織を存続させるための行動計画，すなわち事業継続計画を策定する必要がある。

①　１個　　②　２個　　③　３個　　④　４個

第25問（労働条件）

マネジャーは，部下のマネジメントにあたり，部下の労働条件について留意する必要がある。労働条件に関する次の①～④の記述のうち，その内容が最も適切なものを１つだけ選びなさい。

①　労働条件の決定や労務管理，業務命令の発出や具体的な指揮監督などについて権限を付与されたマネジャーは，労働基準法上の使用者に該当し得る。したがって，マネジャーは，労働基準法上の使用者に該当する場合において，労働基準法

に違反する行為をしたときは，そのマネジャー個人に対して，懲役または罰金といった罰則が科される可能性がある。

② 使用者は，年次有給休暇を請求する権利を有する労働者から，特定の時季に年次有給休暇の請求を受けた場合には，当該請求された時季に年次有給休暇を与えなければならず，使用者には，当該請求された時季ではなく他の時季に年次有給休暇を取得するよう変更する権利は認められていない。

③ 使用者は，労働者に，法定労働時間を超えて労働をさせる（時間外労働をさせる）には，労働組合との間で口頭または書面による協定（三六協定）を締結し，所轄の公共職業安定所長に届け出ることが必要である。

④ 休憩時間については，使用者は労働者に対して，少なくとも，1日の労働時間が6時間を超え8時間以下の場合は1時間の休憩時間を1回，1日の労働時間が8時間を超える場合は1時間の休憩時間を2回，それぞれ労働時間の途中に与えなければならない。

第26問（セクシュアル・ハラスメント）

セクシュアル・ハラスメントに関する次のア〜エの記述のうち，その内容が適切なものを○，適切でないものを×とした場合の組み合わせを①〜④の中から1つだけ選びなさい。

ア．職場における労働者の意に反する性的な言動により，労働者の職務遂行や能力の発揮に見過ごすことのできない支障が生じ，職場環境が損なわれるものは，環境型セクシュアル・ハラスメントと呼ばれることがあり，上司のような被害者の労働条件などを左右できる者だけでなく，同僚・部下も加害者となり得る。

イ．職場における労働者の意に反する性的要求に応じるか否かで，その労働者が，労働条件について，解雇，降格，減給等の不利益を受けるものは，対価型セクシュアル・ハラスメントといい，一般に，加害者は，被害者の労働条件などを左右できる者（上司等）であることが多い。

ウ．セクシュアル・ハラスメントを過度に意識すると職場の雰囲気が険悪になる。マネジャーは職場におけるメンバーのコミュニケーションを円滑に維持する重要な任務を負っているため，部下に対して，少々の性的なからかい程度には寛容になるようにアドバイスをすることが重要である。

エ．管理職に就いている女性従業員の割合が男性従業員と比較して極端に低い職場において，この格差を解消する目的で女性従業員のみを対象に管理職候補者育成のための教育訓練を実施することは，セクシュアル・ハラスメントに該当し得る。

① ア ○ イ ○ ウ × エ ×
② ア ○ イ × ウ ○ エ ○
③ ア × イ × ウ ○ エ ×
④ ア × イ ○ ウ × エ ○

第27問（パワー・ハラスメント）

パワー・ハラスメントに関する次のア～ウの記述のうち，その内容が適切なものを○，適切でないものを×とした場合の組み合わせを①～⑥の中から１つだけ選びなさい。

ア．マネジャーは，組織の方針等の内容を十分に理解した上で，部下とのコミュニケーションを円滑にすることにより，ハラスメントが発生しにくい職場環境を作り出すことが重要である。また，部下からパワー・ハラスメントの相談を受けた場合，部下の話を真剣に聞くとともに，相談窓口などに誘導したり，部下を社内研修などに積極的に参加させるなど，啓発に努めることも重要である。

イ．部下に対する指導や注意は，マネジャーの重要な職務の１つであるが，これに伴って，部下の人格を否定するような暴言，プライバシーの侵害などを行うと，パワー・ハラスメントとされる可能性が高い。

ウ．上司が部下に対して明らかに処理しきれない量の仕事を命じるといった，役職等の上位の者が下位の者に対して行うものは，パワー・ハラスメントに該当するが，職場内で仲間はずれにするなど，同僚が同僚に対して行う場合や，部下が上司に対して行うものは，パワー・ハラスメントには該当しない。

① ア ○ イ ○ ウ ○
② ア ○ イ ○ ウ ×
③ ア ○ イ × ウ ○
④ ア × イ ○ ウ ×
⑤ ア × イ × ウ ○
⑥ ア × イ × ウ ×

第28問（ストレスチェック制度）

X社の人事課長Aは，上司であるBから，一定の事業者に実施が義務づけられているストレスチェック制度に関する説明を求められた。次のア～エの記述は，Bの求めに応じてAが説明をした際の発言の一部である。これらの発言のうち，その内容が適切なものの組み合わせを①～④の中から1つだけ選びなさい。なお，本問における「ストレスチェック」とは，労働安全衛生法66条の10に定める，心理的な負担の程度を把握するための検査をいう。

ア．「一定の事業者は，常時使用する労働者に対し，1年以内ごとに1回，定期に，所定の事項について，医師等によるストレスチェックを行わなければなりません。ストレスチェックを実施する『医師等』には，医師，保健師のほか，ストレスチェックを受ける労働者について昇進や異動に関して直接の権限を持つ監督的地位にある者，すなわち当該労働者が所属する部署のマネジャーなどが含まれます。」

イ．「ストレスチェックにおける検査項目としては，労働安全衛生規則に，職場における労働者の心理的な負担の原因に関する項目などが定められています。『心理的な負担の程度を把握するための検査及び面接指導の実施並びに面接指導結果に基づき事業者が講ずべき措置に関する指針』によれば，ストレスチェックは，調査票を用いて，当該項目等により行い，労働者のストレスの程度を点数化して評価するとともに，その評価結果を踏まえて高ストレス者を選定し，医師による面接指導の要否を確認するものをいうとされています。」

ウ．「事業者は，ストレスチェックを受けた労働者に対し，当該ストレスチェックを実施した医師等から，遅滞なく，その結果が通知されるようにしなければなりません。その際，事業者も当該医師等からストレスチェックの結果の提供を受けますが，当該医師等は，当該結果を事業者に提供することについて，あらかじめ，当該労働者の同意を得る必要はありません。」

エ．「事業者は，ストレスチェックの結果の通知を受けた労働者のうち，当該ストレスチェックを実施した医師等により心理的な負担の程度が高く面接指導を受ける必要があると認められた者が，医師による面接指導を希望する旨を申し出たときは，当該労働者に対し，医師による面接指導を実施しなければなりません。」

① アイ　② アウ　③ イエ　④ ウエ

第29問（ヒューマンエラー）

X社の販売企画課長であるAは，遠隔地に所在する取引先を訪問するため，出張に赴いた。その際，移動中の列車内でAの携帯電話に着信があり，Aの部下である係長Bから，販売企画課が作成したX社のホームページに重大な誤りが発見され，至急修正する必要があるとの報告を受けた。Bからの報告によると，その原因は，担当者Cの単純な操作ミスと共同担当者Dの確認作業の失念が重なったことによるとのことであった。この場合に関する次のア～エの記述のうち，その内容が適切なものを○，適切でないものを×とした場合の組み合わせを①～④の中から1つだけ選びなさい。

ア．操作ミスは，一般に，人的要因によるミスであるヒューマンエラーと評価することができる。ヒューマンエラーは，人間の様々な知覚能力を良好な状態に保つ工夫，例えば，間違えやすい数字やアルファベットなどの使用を避けたり，メモをとり随時それを確認することによって作業のし忘れを防ぐといった取組みにより防止することができる。

イ．ヒューマンエラーの防止については，労働災害に関する調査・分析に基づく「ハインリッヒの法則」(H.W.Heinrich）が参考になる。「ハインリッヒの法則」とは，重大な事故が1件発生するまでの間に，軽微な事故が39件発生し，さらに「ヒヤリ」あるいは「ハッと」するような事象も同様に39件起きているという法則のことである。

ウ．X社のホームページの誤りはCとDとの共同作業において生じているが，共同作業における考え方の基本は，リーチングアウトである。リーチングアウトとは，相互に相手の作業に自分の作業を同期・同調させて，共感意識を醸成させるコミュニケーション技法である。

エ．マネジャーは，自らが出張その他の理由で社内での就労ができない場合を想定して，自分に代わりチームとしての意思決定を行うことができる者との間で，日常的に訓練をし，コミュニケーションをとっておくことが必要である。

① ア ○　イ ×　ウ ○　エ ×
② ア ○　イ ○　ウ ×　エ ○
③ ア ○　イ ×　ウ ×　エ ○
④ ア ×　イ ○　ウ ○　エ ×

第30問（クレーム対応）

次のア～エの記述は，クレーム対応に関するマネジャーの発言の一部である。これらの記述のうち，その内容が適切なものの個数を①～④の中から1つだけ選びなさい。

ア.「マネジャーは，顧客からクレームを受けた場合には，顧客の不満の原因は何か，顧客の不満は解消し得るものか，現時点において結論として顧客は何を求めているか（謝罪，損害賠償，改善措置）に留意して十分にその顧客の話を聞くようにしなければなりません。これは，顧客に対しては，誠実にクレームに対応するとともに，顧客が申し出ている苦情に関する情報を収集する必要があるからです。」

イ.「顧客からクレームを受け付けた後は，顧客の主張を整理して復唱する，顧客の心情を否定しない，顧客に丁寧に説明するという点に留意して，引き続き対応にあたるようにします。そして，顧客の言い分に納得できる場合は，原因を追及することなく自己の判断により会社としての責任を認めた上で，事後的に上長に報告するべきです。」

ウ.「クレームが発生した原因を，顧客から収集した情報や事実等をもとに，可能な限り客観的に究明します。このプロセスにおいては，会社に，損害賠償責任など法律上の責任があるかどうかを見極めます。法律上の責任の有無は，専門的な法的判断を必要とする場合が多く，総務部や法務部などの専任部署（場合によっては弁護士など）に相談します。さらに，組織として，道義的責任や顧客満足（CS）の観点から，法律上の責任を超えて，どのような対応をするかを検討します。」

エ.「複数の顧客から同様のクレームがあった場合，個々のクレームに誠実に対応するほか，そのクレームの原因自体を解決する必要があります。例えば，商品の説明書の記載に誤りがあった場合や，トラブルの原因がシステムの不具合にある場合などです。このような場合，クレームを受けたマネジャーは，商品やサービスの内容・質に責任を負う担当部門に情報を提供するなど，クレームの原因を迅速に解決するために必要な措置をとらなければなりません。」

①　1個　　②　2個　　③　3個　　④　4個

第31問（情報管理体制）

X社では，企業において情報漏えい事故が多発しているとの新聞報道を受け，機密情報の管理体制に関する打合せを行った。次の①～④の記述は，当該打合せにおける発言の一部である。これらの発言のうち，その内容が最も適切でないものを１つだけ選びなさい。

① 「情報管理体制を見直すに際しては，当社の機密情報が不正競争防止法に規定する営業秘密としての保護を受けられるようにしておくことが重要です。なぜなら，当社が，営業秘密に該当する機密情報を第三者に不正に持ち出されるなどの不正競争によって当社の営業上の利益を侵害され，または侵害されるおそれが生じた場合，その営業上の利益を侵害する者または侵害するおそれがある者に対し，その侵害の停止または予防を請求することができるからです。」

② 「経済産業省が公表している『営業秘密管理指針』（平成31年１月23日版）では，秘密管理性の要件が満たされるためには，営業秘密保有企業の秘密管理意思が秘密管理措置によって従業員に対して明確に示され，当該秘密管理意思に対する従業員の認識可能性が確保される必要があるとされています。そして，従業員に対する秘密管理措置があれば，侵入者等（住居侵入罪にあたる行為により情報に接触する者など，詐欺等行為または管理侵害行為等によって営業秘密を取得しようとする者）に対しても秘密管理性は確保されるのであって，営業秘密保有企業の秘密管理意思が従業員に対するものとは別に侵入者等に示される（別の秘密管理措置が行われる）必要はないとされています。」

③ 「営業秘密管理指針では，営業秘密とは，様々な知見を組み合わせて１つの情報を構成していることが通常であるが，ある情報の断片が様々な刊行物に掲載されており，その断片を集めてきた場合，当該営業秘密たる情報に近い情報が再構成され得るからといって，そのことをもって直ちに非公知性が否定されるわけではないとされています。そして，その理由として，その断片に反する情報等も複数あり得る中，どの情報をどう組み合わせるかといったこと自体に価値がある場合は営業秘密たり得るからであるとされています。」

④ 「機密情報ごとに，そのアクセス権限を有するアクセス権者を決定し，当該アクセス権者以外の者による機密情報へのアクセスを制限する必要があります。当社では，各課の課長以上の役職者に対し，情報の機密性のレベルに応じてアクセス権限を設定しています。また，機密情報の保管場所としては，夜間や休日に無人となる事務所に機密情報を保管するのではなく，役職者が自宅に機密情報を持ち帰って保管することとしており，十分な情報管理体制であると認められます。」

第32問（入札談合）

入札談合に関する次のア～エの記述のうち，その内容が適切なものの個数を①～④の中から１つだけ選びなさい。

ア．公共工事の発注者側の担当者が関与する談合を官製談合という。これは，発注者の依頼を断れば，今後の取引において当組織が不利になるなどの影響を懸念し，その依頼を受けてしまうという事情が背景にあるとされている。

イ．業界団体等が開催する行事や懇親会等において，話題が入札価格等に及んだ場合，発言の中止を求め，それでもその話題が終わらない場合はその場から退席し，一連の行動を文書化するといった対応をすべきである。

ウ．事業者団体の会合において，入札に関する談合が話題になった場合，共同意思の形成に加担したとみなされないようにするため，「自社はそのような話題に参加できない」ことを伝え，議事録に記載させ，退席するといった対応をすべきである。

エ．入札談合は，入札制度の機能を損なうものであり，独占禁止法により禁止される不当な取引制限に該当する。公正取引委員会は，入札談合があったと認めた場合には，当該入札談合に関与した企業に対して，排除措置命令を発出することができるが，課徴金納付命令を発出することはない。

① １個　② ２個　③ ３個　④ ４個

第33問（感染症リスク）

感染症に関するリスクについての次のア～エの記述のうち，その内容が適切なものを○，適切でないものを×とした場合の組み合わせを①～④の中から１つだけ選びなさい。

ア．マネジャーは，自らが新型インフルエンザ等の感染症に感染し，就労が不能となった場合を想定し，自分の代わりにチームとしての意思決定を行うことができる者を選定し，普段から綿密なコミュニケーションをとりながら，適切な訓練を行っておくことが大切である。

イ．新型インフルエンザ等の感染症が流行している状況において，部下が発熱，頭痛，関節痛などの症状を訴えており感染が疑われる場合，マネジャーは，三現主義に基づき，まずマネジャー自身が部下の様子を観察するため，その者と直接面談をしなければならない。

ウ．部下の同居する家族が新型インフルエンザ等の感染症を発症していることが確認され，濃厚接触の可能性が高いと判断され，保健所から外出の自粛等を要請された場合，その部下を出社させることは避けるべきである。自宅待機等の期間が経過した後に発症が確認できなかった場合には，保健所の意見を踏まえ，出社の可否を検討する。

エ．新型インフルエンザ等の感染症発生の非常事態下において，業務の継続に必要な人員を確保するための具体策の１つとして，１人の従業員が複数の業務を遂行できるように日頃から訓練しておくというクロストレーニングが挙げられる。これにより，万一，重要業務の遂行を担当する部下が新型インフルエンザ等の感染症に感染した場合でも，代替要員としてその業務を遂行できる。

① ア ○ イ ○ ウ × エ ○
② ア ○ イ × ウ ○ エ ○
③ ア × イ ○ ウ ○ エ ×
④ ア × イ × ウ × エ ○

第1問　正解：②

［解説］――――――――――――――――――――――――――――――― 公式テキスト 第1部第1節

SDGsに取り組むことは，企業にとって大きなビジネス機会につながる一方で，これに取り組まないことは，ビジネス機会を逃すだけでなく，大きなリスクとなり得る。すなわち，今後，SDGsの達成状況により，世界的に規制や法令の見直しが進む可能性もあり，SDGsに取り組んでいない場合，こうした変化に対応できず，その対策のためのコストや税負担の発生，規制により事業自体の継続が困難となる可能性もあり得る。SDGsの理念や目標を理解せずに，単なるイメージアップや売上アップのために，SDGsへの取組みをアピールするなど，SDGsに取り組んでいるように見えて，実態が伴っていないビジネスのことを指して，「SDGsウォッシュ」ということがある。SDGsウォッシュは，企業の社会的責任や信頼を損なうだけでなく，消費者のSDGsへの理解を阻害する可能性もある。そのため，企業はSDGsへの取組みを行う際には，慎重に検討し，具体的かつ実効性のある取組みを実施することが重要である。

第2問　正解：④

［解説］――――――――――――――――――――――――――――――― 公式テキスト 第1部第3節

アは適合する。マネジャーには，過去の成功体験，自己のプライド等に引きずられることなく，率先して現実を直視して受け入れ，感情的ではない合理的な判断を下すことのできる資質が求められる。

イは適合しない。マネジャーには，部下など他人の弱みよりも強みに目を向け，一人ひとりの長所を活かし短所を補いながらその強みを発揮させる資質が求められる。

ウは適合しない。リスクの顕在化を防止するため，リスクを精査し，そのリスクの顕在化を回避することは重要であるが，そこに成長と発展の機会があるのであれば，積極的にリスクを伴う新たな業務に取り組む意欲と覚悟を持つこともマネジャーには求められる。

エは適合しない。マネジャーは，部下の心をつかみ，それぞれの持ち味を生かし，チームとして最高の能力を発揮させることが重要である。しかし，そのために求められる，部下に対する真摯さとは，部下の反感を買わないことを最優先事項と捉え，部下と表面的にフランクな態度で接し，フレンドリーな関係を築くことにのみ尽力することではない。

オは適合する。マネジャーには，部下一人ひとりに対して真正面から向き合い，部下の希望や考えに耳を傾け，「絆」を結ぶことができる資質が求められる。

カは適合しない。マネジャーには，誰が正しいかよりも，何が正しいかを適切に判断できる資質が求められる。

キは適合する。常に自分の判断の水準を高める努力をし，基準の正しさを問い続けることが求められる。

第3問　正解：⑥

［解説］　公式テキスト　第1章第1節

アは適切ではない。ストレスを引き起こす外部環境からの刺激が，良いストレスと悪いストレスのどちらにもなり得るものがある。例えば仕事のノルマなどは，人によって，目指すべき目標として良いストレスになったり，過度な負担として悪いストレスになったりする。

イは適切である。リチャード・ラザルス（Richard Lazarus）の認知評価モデルによれば，ストレス要因（ストレッサー）にさらされた人は，本肢に記載の通り，自分にとってのストレッサーによる影響を評価し（第一次評価），ここでストレスフルであると評価された場合に第二次評価としてストレス対処行動の選択を行う。

ウは適切ではない。コーピング（coping）は大きく2つに分類することができるが，ストレッサーそのものの解決を目指すのは問題焦点型（problem-focused）であり，ストレス反応をコントロールしようとするコーピングは情動焦点型（emotion-focused）である。

エは適切である。認知行動療法は，ストレス等による思考の歪みによる偏った考え方等を合理的な思考や行動に置き換える方法であり，コーピングの一種であるといえる。

第4問　正解：③

［解説］　公式テキスト　第2章第1節

アは適切ではない。パーソナル・スペースとは，他人に近づかれると不快に感じる空間をいい，自分と相手との角度・距離・視線の高さなどが関係する。例えば，マネジャーが部下と一対一で話をする際に，安心感を持って自分の話を聞いてもらいたいときなどは，お互いが正面に向かい合うのではなく，マネジャーは，自分の位置を部下に対して90度くらいの角度にする，遠からず近からずの適度な距離を置く，上から見下ろすような目線にならないよう視線の高さを同じにするなどの工夫をすることによって，円滑に部下とのコミュニケーションをとることができる。

イは適切ではない。セルフ・プレゼンテーションとは，髪型，衣服，アクセサリー，持ち物，化粧などの見た目である。マネジャーは，いつも部下や周りから見られていることを意識し，信頼に値するような見た目を心掛ける必要がある。

ウは適切である。ボディー・ランゲージとは，表情，アイコンタクトや態度，身振り手振りなどをいう。マネジャーは，普段の何気ない態度，歩き方や姿勢などからも，多くのメッセージが周りの人に発信されていることを常に意識し，可能な限り，身なりをきちんと清潔に保ち，姿勢を正しくし，チームの代表者・責任者らしい態度をとることが必要である。会議の席や対外的な場面では，礼儀正しく，また落ち着いた態度をとることが，他者からの信頼を得ることにつながる。

エは適切である。パラ・ランゲージとは，話をするときの声の大きさや高低，調子やスピードを指す。マネジャーは，その話す内容がいかに論理性を持っていても，話し手の声の調子や大きさ，声のトーンや明瞭性によって聞き手の受ける印象は大きく異なることを常に意識する必要がある。

第5問　正解：①

[解説] 公式テキスト 第2章第2節

アは適切である。本肢に記載の通り，初対面のメンバーが参加して行われる会議等において，参加メンバーの緊張をほぐして気持ちを和らげ，会議での円滑なコミュニケーションを促すために用いられる手法として「アイスブレイク」がある。

イは適切である。限られた時間の中でできるだけ有意義な会議とすることが重要である。いつ終わるかわからない会議では，メンバーの緊張感も生み出されず，中身の濃い会議とならない可能性が高まる。

ウは適切である。本肢に記載されているような状況の下では，生産性の高い会議を進めることはできない。

エは適切ではない。ファシリテーターは，会議の中立的な進行・推進役のことをいう。ファシリテーター自身の意見に集約させるのではなく，参加者の意見の相違を歓迎する配慮が必要である。

第6問　正解：④

[解説] 公式テキスト 第2章第3節

EQ理論に照らし，内容が最も適切でないものは④である。

「感情の調整」は他人の感情を操作する能力ではなく，自己の感情を適切に調整するものである。EQ理論では，「感情の調整」について，適切な感情を持って行動する能力であり，感情を，思考・判断・行動に知的に統合することが重要であるとされている。

第7問　正解：②

[解説] 公式テキスト 第3章第4節，第6章第1節

①の記述は，「リンゲルマン効果」に関するものである。

③の記述は，「集団極性化」に関するものである。

第8問　正解：ア⑪　イ⑤　ウ⑦　エ⑨

［解説］　公式テキスト 第３章第４節

マネジャーは，部下が仕事に意欲的に取り組むことができるよう動機づけをするに際し，XY理論（Douglas McGregor）を参考にすることができる。

XY理論では，人の働き方や仕事に対する考え方について，X理論とY理論という２つの対照的な見解に分類している。

まず，X理論における人間の性質と行動は，欲求段階説（Abraham Maslow）における［ア：物質的欲求］を比較的多く持つ人間をモデルとしている。［ア：物質的欲求］は，「生理的欲求」および「安全・安定を求める欲求」が属する欲求であり，相対的に低次の欲求を意味する。

X理論に基づくマネジメント，すなわち，仕事を細かく規定し，統制し，日常的に，密接に部下を監督し，懲罰をもって威圧したり昇給を約束するなどといったマネジメントを続けると，実際に，そのチームの人々は強制や命令がなければ動かなくなるという効果が生じ得る。このように，否定的に接することにより否定的な結果が導かれる現象は［イ：ゴーレム効果］と呼ばれる。

しかし，欲求段階説において，「社会的欲求」，「自尊・承認の欲求」および「自己実現欲求」の属する欲求であり，相対的に高次の欲求である［ウ：精神的欲求］を比較的多く持つ人間に対してX理論に基づくマネジメントが有効であるかについては疑問が呈されている。そこで，部下に対して魅力ある目標と責任を与え続けることによって部下のモチベーションを高める手法であるY理論におけるマネジメントスタイルが必要であるとされている。

Y理論に基づくマネジメントにおいては，部下に期待することにより，部下はさらに期待に応えようと努力するという効果が生じ得る。このように，期待をすることにより，相手もその期待に応えるようになるという現象は［エ：ピグマリオン効果］と呼ばれる。

第9問　正解：②

［解説］　公式テキスト 第３章第４節

①は適切である。「社会的欲求」，「自尊・承認の欲求」および「自己実現の欲求」は，「生理的欲求」および「安全・安定を求める欲求」を物質的欲求と呼ぶのに対して，精神的欲求とも呼ばれ，部下をマネジメントする上で重要な要素である。

②は最も適切ではない。「安全・安定を求める欲求」とは，身の安全を図ろうとする自己保存の欲求である。戦争や天災，病気などにより，生存を脅かされる状況下においては，安全を確保することが強い動機づけとなる。

③は適切である。マネジャーは，チームの目標達成に貢献するための行動を部下各自が自発的に起こすように，まずは，部下の「社会的欲求」を満たすよう接することが重要である。

④は適切である。欠乏欲求が満たされるためには，外部の環境からの働きかけを要するのに対し，「自己実現欲求」は，自らの精神的成長のための行動に伴って得られる内的な報酬が満足要因であるため，無限に人を動機づける可能性をもつ。

⑤は適切である。「自己実現欲求」によって動機づけられている人の特徴としては，本肢に記載のもののほか，人格の成長，性格の表現，成熟，発展が動機づけとなっていることも挙げられる。

第10問　正解：②

［解説］ 公式テキスト 第4章第2節

ア・イは適切である。

ウについて，直接ビジネスに活用されている情報に限らず，例えば，ある方法を試み，その方法が役立たない等といった失敗の知識や情報（いわゆるネガティブ・インフォメーション）にも有用性は認められる。企業にとって有用性のある情報である以上，外部に明らかにしても支障はないということはできない。

エについて，同業者の会合等において，製品の市場価格の下落を防止するために価格や生産数量などを取り決める等の行為は，不当な取引制限として独占禁止法に違反するおそれがある。したがって，本肢のような行為をするべきではない。

第11問　正解：③

［解説］ 公式テキスト 第5章第2節

アは適切ではない。「コーチング」が，部下の一人ひとりの個性を尊重し，自律性を高めるという点に力点を置いているのに対し，「ティーチング」は，知識や技能を教えるということに力点が置かれる。

イは適切である。コーチングにおいて，マネジャーが，部下に対して質問をする場合，部下の自律性の育成という観点からは，可能な限り部下自ら考えて答える要素の多いオープン型の質問をすることが求められる。

ウは適切である。チャンキングには，話を具体化する「チャンクダウン」と抽象化する「チャンクアップ」がある。

エは適切ではない。部下の行動に改善や進化があれば，当該部下が優れている旨を単に抽象的に褒めるよりも，実際に改善された行動などを具体的に指摘して部下の成長を認めることが重要である。マネジャーは，部下の行動進化などを認めることで，部下の自律的行動力の促進が期待できる。

第12問　正解：②

［解説］ 公式テキスト 第6章第1節，第10章第2節

ア・イは適切である。

ウのイノベーター理論（Everett Rogers）では，イノベーターに受け入れられさえすれば，その後は特段の普及施策を講じなくとも，市場は拡大し，大きな収益が望めるとはしていない。なお，ジェフリー・ムーア（Geoffrey Moore）は，イノベーションを一般に普及させるために，イノベーターおよびアーリー・アダプターだけでなく，アーリー・マジョリティに対してもマーケティングが必要であることを提唱した。

第13問　正解：③

［解説］ 公式テキスト 第7章第2節

①は適切である。マネジャーは，事業計画を考えるにあたっては，自己のチームが担当事業によって達成すべき売上高や営業利益等の業績目標を明確にする必要がある。そして，組織によって決定されたチームの業績目標を達成する方法を考えることとなる。

②は適切である。損益計画の策定にあたり，チームが扱う各製品等の次期における売上高を予想するに際しては，過去の実績に基づいて予想する方法，顧客等ごとに予想される売上高を積み上げる方法，事業規模と市場シェアから売上高を計算する方法等を適宜組み合わせることにより，精度の高い説得力のある売上高を予想することが可能となる。

③は最も適切ではない。損益分岐点販売数量は，固定費を限界利益で除する（固定費÷限界利益）ことによって求められ，限界利益は，製品を1個販売するのに必要な変動費であって売上高－変動費によって算出される。

④は適切である。人員配置計画において，人時売上高や人時生産性を用いて人件費を効果的にコントロールすることが可能である。人時売上高は，売上÷総労働時間で，人時生産性は，粗利益÷総労働時間で求められる。

第14問　正解：③

［解説］ 公式テキスト 第7章第4節

アは適切である。物販の例として，飲食店を挙げることができる。そのほか，直販の農家などもこのモデルに該当する。物販では，提供する商品やサービスに優位性があることが最も重要な条件とされている。

イは適切である。小売の例として，百貨店，コンビニエンスストアや多くのインターネット通販サイトなどを挙げることができる。製品を製造・開発している企

業から仕入れて売るビジネスである小売においては，競合他社と同じ製品を販売することになるため，顧客に継続的購入をさせる付加サービスを検討することが求められる。

ウは適切ではない。消耗品モデルは，例えば，ひげ剃りの本体は高価であるが，これを無料で配布し，消耗品である替え刃は，自社のものしか適合しないようにして，一定の価格で販売するなど，本体の価格は抑え，消耗品やメンテナンスで収益を得るビジネスモデルである。消耗品モデルでは，顧客が消耗品を手軽に購入できるための販路の確立が重要なポイントの１つとなる。

エは適切ではない。マッチングモデルは，買い手と売り手，借り手と貸し手を仲介するなど，需要側と供給側を仲介することで収益をあげるビジネスモデルである。マッチングモデルでは，マッチングさせるための情報をどれだけ豊富に保有することができるかが重要なポイントとなると考えられる。

第15問　正解：①

［解説］ 公式テキスト 第７章第３節

ア・イ・ウはすべて適切である。

第16問　正解：⑤

［解説］ 公式テキスト 第７章第３節

イ・ウ・エ・オがとり得ない戦略である。

イの行為については贈賄罪に該当するおそれがある。

ウの行為は下請代金支払遅延等防止法に違反するおそれがある。

エの行為については，建設業務に労働者派遣を行ってはならず，労働者派遣法に違反するおそれがある。

オの行為については，労働基準法に違反するおそれがある。

第17問　正解：③

［解説］ 公式テキスト 第７章第４節

イ・ウは適切である。

アのような行為は，独占禁止法に違反する可能性があり，適切ではない。

エの戦略は，コトラーの競争地位戦略におけるニッチャーの戦略である。コトラーの競争地位戦略に照らし，エは，本件マーケットにおいてリーダーに当たるA社が採用すべき戦略として適切ではない。

第18問　正解：②

［解説］―――――― 公式テキスト 第8章第3節・第4節，第9章第4節

ア・ウは適切である。

具体的な業務内容を熟知しているのは実際に業務を行っているチーム・メンバーであり，業務計画における実施事項に現実に取り組むのはチーム・メンバーである。そのため，マネジャーが実施事項のすべてを考えて決定するのではなく，ある程度の方向性が決まったら，関係するメンバーを交えて実施事項の検討をすることが大切である。したがって，マネジャーが単独で実施事項をすべて検討した上で決定しなければならず，その検討過程に部下を参加させてはならないとするイは適切ではない。

問題発見の4Mは，「人（Man）」，「機械（Machine）」，「材料（Material）」および「方法（Method）」について検証するものである。問題発見の4Mに「士気（Morale）」は含まれないため，エは適切ではない。

第19問　正解：③

［解説］―――――― 公式テキスト 第9章第2節

イ・ウは適切である。

アにおいて，20X2年度に経常利益が増加しているのは，X社が保有する他社株式の受取配当金による収益であり，X社の本業における直接的な企業努力によってもたらされたものではない（営業利益は微減している）。また，税引前当期純利益が20X1年との比較において増加しているのは，20X2年度には20X1年度に発生した特別損失が発生していない等のためである。したがって，X社の本業は健全に運営されていると判断することはできない。

第20問　正解：④

［解説］―――――― 公式テキスト 第9章第2節

ア・イ・ウはすべて適切である。

第21問　正解：ア⑧　イ②　ウ⑤　エ⑫

［解説］―――――― 公式テキスト 第9章第4節

アには「現状把握」が入る。問題解決にあたっては，認識されている問題を客観的なデータを踏まえて明確化する必要がある。

イには「改善計画」が入る。ステップ3では，具体的かつ現実的なものとして改善目標を設定し，次のステップ4および5において改善目標を達成するための改善計画を立案し，これを実施する。

ウには「三現主義」が入る。「三現主義」は，問題が起こっている現場にマネジャー自身が実際に赴き，問題となっている現物を手にとるなどして現実を実際に確認するという考え方である。現状把握は三現主義に基づいて行うことが重要である。

エには「MECE」が入る。漏れがなく重複がないことをMECE（Mutually Exclusive and Collectively Exhaustive）という。

第22問　正解：①

［解説］ 公式テキスト 第10章第1節

ア・イ・ウ・エはすべて適切である。

第23問　正解：④

［解説］ 公式テキスト 第10章第2節

アは適切である。予期せぬ成功や予期せぬ失敗はイノベーションの機会となり得る。本肢に記載のように予期せぬ成功だけでなく，綿密に計画し慎重に実施したにもかかわらず予期した結果が出なかったなどの予期せぬ失敗もイノベーションの機会となり得る。

イは適切である。本肢のような場合は，イノベーションを生み出す７つの機会のうち，「ギャップ」の例である。

ウは適切である。人口構造の変化はイノベーションを生み出す機会となり得る。例えば，いわゆる団塊の世代が40歳代から60歳代を経て70歳代となるに従い，その世代が欲する商品やサービスは変化する。

エは適切である。消費者の認識の変化はイノベーションを生み出す機会となり得る。マネジャーは，商品やサービスに対する消費者の認識の変化やトレンドに常に敏感でなければならない。

第24問　正解：③

［解説］ 公式テキスト 第11章第4節

アは適切ではない。「法令等」には，一般に，法律・命令・条例だけでなく，企業の定めた各種の規定や業界の自主ルールなども含まれる。法令が，その違反に対し罰則を定めている場合において，企業の役員や従業員などが業務に関して法令に違反する行為をすれば，当該役員や従業員に罰則が適用される。そして，行為者本人とその所属する企業等の団体の両方を処罰する旨の両罰規定の定めがある場合，当該企業にも罰金等の罰則が適用されることとなる。両罰規定を定める法令は，独占禁止法や不正競争防止法，特許法など多数存在し，現在，日本には存在しないとする本肢は適切でない。

イは適切である。企業の社会的責任は，企業が利益追求のみならず，様々なステークホルダー（利害関係者）との関係で企業としての行動規範を策定し，これに従い適切に行動することを求める考え方である。

ウは適切である。組織が内部統制システムを構築するに際しては，当該組織にいかなるリスクがあるかを把握し，リスクの十分な分析が不可欠であるため，リスクマネジメントは内部統制システム構築の前提条件となる。

エは適切である。事業継続計画（BCP）は，例えば，地震，台風などの自然災害や，火災・爆発，大規模なシステム障害，情報漏えいなどの人為的な事故やトラブルなどを原因とする事業の中断・阻害に対応し，事業を復旧し，再開し，あらかじめ定められたレベルに回復するように組織を導くための計画である。

第25問　正解：①

［解説］ 公式テキスト 第12章第1節

最も適切なものは①である。

②は適切ではない。年次有給休暇に関して，使用者には，時季変更権が認められている。すなわち，労働者から特定の時季に年次有給休暇の請求を受けた場合において，一定の要件に該当するときには，当該請求された時季ではなく他の時季に年次有給休暇を取得するよう変更する権利が認められている。

時間外労働に関する協定（三六協定）は，書面によらなければならない。また，これを届け出る行政官庁は，公共職業安定所長ではなく労働基準監督署長である。したがって，③は適切ではない。

休憩時間については，１日の労働時間が６時間を超え８時間以下の場合は45分，８時間を超える場合は１時間の休憩時間を与えなければならないのであって，前者について１時間の休憩時間を１回，後者について１時間の休憩時間を２回与えなければならないわけではない。したがって，④は適切ではない。

第26問　正解：①

［解説］ 公式テキスト 第12章第2節

アは適切である。環境型セクシュアル・ハラスメントの典型例は，必要がないのに相手の体に触ったり，特定の社員に関する性的な噂話をしたり，職場にヌード写真のカレンダーを貼ったりすることなどである。

イは適切である。対価型セクシュアル・ハラスメントの典型例は，交際の求めを拒否した部下を遠隔地に転勤させたり，解雇しないことを条件に性的行為を強要することなどである。

ウは適切ではない。職場におけるセクシュアル・ハラスメントの発生を防止することはマネジャーにとって重要な任務である。そして，セクシュアル・ハラスメントの発生を防止する方法として，従業員がセクシュアル・ハラスメントに関し直ちに相談できる窓口を用意すること，組織としてセクシュアル・ハラスメントは絶対に許さないという立場を表明することが重要である。こうした観点から，マネジャーが労働者に対して性的なからかい程度には寛容になるようアドバイスをするといったことは慎むべきである。

エは適切ではない。本肢のような取組みは，男女労働者間に生じている事実上の格差解消のための取組み（ポジティブ・アクション）として認められ，セクシュアル・ハラスメントには該当しない。

第27問　正解：②

［解説］ 公式テキスト 第12章第2節

アは適切である。マネジャーは，ハラスメントを防止するために，日常的に，部下との間で適切なコミュニケーションを図っていくことが重要である。それにより，パワー・ハラスメントが発生しにくい職場環境を構築しやすくなるとともに，部下からパワー・ハラスメントの相談を受けて早期にその対応に当たることも可能となる。

イは適切である。マネジャーが部下に対して指導や注意をする際には，部下の人格を否定するような言動とならないように留意する必要がある。また，部下のプライバシーに過度に立ち入る「個の侵害」もパワー・ハラスメントに当たり得ることに注意が必要である。

ウは適切ではない。同僚が同僚に対して行う場合や部下が上司に対して行う場合もパワー・ハラスメントに該当し得る。

第28問　正解：③

［解説］ 公式テキスト 第12章第3節

イ・エは適切である。

アについて，ストレスチェックを実施する「医師等」に該当するのは，医師，保健師のほか，ストレスチェックを行うために必要な知識についての研修であって厚生労働大臣が定めるものを修了した看護師，精神保健福祉士等である。ストレスチェックを受ける労働者について昇進や異動に関して直接の権限を持つ監督的地位にある者は「医師等」に該当せず，ストレスチェックの実施の事務に従事してはならない。

ウについて，ストレスチェックを行った医師等は，あらかじめ当該検査を受けた労働者の同意を得ないで，当該労働者のストレスチェックの結果を事業者に提供してはならない。

第29問　正解：③

［解説］　公式テキスト 第13章第1節

ア・エは適切である。

イについて，ハインリッヒの法則は，重大な事故が1件発生するまでの間に，軽微な事故が39件発生し，さらに「ヒヤリ」あるいは「ハッと」するような事象も同様に39件起きるという法則ではない。

ウについて，リーチングアウトは，人の仕事に関心を持ち，いつでも協力できる姿をいい，相互に相手の作業に自分の作業を同期・同調させて，共感意識を醸成させるコミュニケーション技法ではない。

第30問　正解：③

［解説］　公式テキスト 第13章第3節

ア・ウ・エは適切である。

アは適切である。マネジャーは，顧客から寄せられたクレームの真意を汲み取り，クレームに関する情報を収集して商品・サービスの質の向上に役立てるようにすべきである。

イは適切ではない。クレームの原因を解明する以前に，自己の判断のみで会社としての責任を認めてはならない。

ウは適切である。クレームの内容に関する法律上の責任の有無は，専門的な法律知識を有する専任部署等に相談して確認する必要がある。

エは適切である。複数の顧客から同様のクレームを受けるということは，その商品やサービスに問題があり得るということであり，クレームの原因となる問題の解決を図る観点から，そのクレームの原因となっている商品やサービスの内容・質に責任を負う担当部門に情報を提供し，クレームの原因の迅速な解決のための措置をとる必要がある。

第31問　正解：④

［解説］　公式テキスト 第14章第1節

最も適切でないものは④である。

機密情報が搭載された書類・ファイル・記録媒体については，例えば，所定のキャビネットや保管区（資料保管室や倉庫）で施錠管理し，機密情報のデータについては，例えば，ネットワークから隔離された特定のPCに保管し，アクセス権者のIDからのみアクセスできるようにする等により管理し，外部への持ち出しは，厳に禁止すべきである。持ち帰る過程で紛失や盗難の危険があることや，一般に，個人宅のセキュリティ状態は企業ほど高レベルではないことなどから，本肢のような管理は行うべきではない。

第32問　正解：③

［解説］ 公式テキスト 第14章第2節

アは適切である。公共工事の入札等に際して，発注側の意向により行われる談合は，官製談合と呼ばれ，違法・不当な行為であり，刑事罰の対象となる。

イは適切である。本肢のように，業界内の会合において，話題が入札価格等に関する事項に及んだ場合，その話題に参加すると談合と疑われるおそれがあるため注意が必要である。

ウは適切である。談合と疑われる行為に対しては，毅然とした態度をとること等により，自らの組織を防衛する意識を常に持っておくべきである。特に，談合に加担する行動をとっていないことの客観的な証拠を残しておくという姿勢が重要である。

エは適切ではない。公正取引委員会は，入札談合があったと認められる場合には，不当な取引制限に該当し独占禁止法に違反するものとして，排除措置命令や課徴金納付命令などの各種の措置をとることとされている。

第33問　正解：②

［解説］ 公式テキスト 第15章第1節

アは適切である。マネジャーは，自らが新型インフルエンザ等の感染症に感染することも想定して，代わりにチームの意思決定を行うことができる者を選定しておくことが重要である。

イは適切ではない。感染症についての専門知識を持たない者の勝手な判断と対応による二次感染の発生を防ぐ必要があるため，保健所の指導の下で対応を検討する必要がある。

ウは適切である。医療の専門知識なく独自の判断を下すことは避け，必ず，保健所の指示を受けるようにすべきである。

エは適切である。感染症が発生した場合における人員確保の方策として，例えば，在宅勤務の採用，複数班による交代勤務，クロストレーニングなどが挙げられる。